震火災と法律問題

復刊法律学大系5

震火災と法律問題

附 震火災関係諸法令

眞野 毅 著

松本 烝治
末弘嚴太郎 序

信山社

前東京帝國大學講師法學士
眞野毅著

法制局長官 法學博士 松本烝治序
東京帝國大學教授 法學博士 末弘嚴太郎序

震火災と法律問題

附 震火災關係諸法令

東京 清水書店 發行

法學士　眞　野　毅　著

震火災と法律問題

東京
清水書店發行

序

此度の震災は洵に前古未曾有の大慘事であつた。之が爲めに從來の法律關係就中私法關係は一時大混亂を來し事毎に問題を惹起したのみならず當面の緊急な必要を充すが爲めに新法令が續々發布せられて居る狀況である。やがて復興と共に法律的整理の時代に入るに至らば種々なる法律上の疑議と紛爭とは必ずや簇出すべきこと想像に難くない所である。此時に當つて著者は多年の蘊蓄を傾けて震火災に關聯し起り得べき凡ゆる法律問題を研究し其成果を公刊せんとして先づ稿本を予に示されたのである。著者は大學を卒へ大學院に學び在野法曹に身を投じ辯護士たること既に十年法律を實地に運用する經驗を積むと共に他面東京帝國大學法政大學等に於て民法商法の學を講じ學理と實際の兩方面より常に法律の研鑽を怠らざる篤學の士である。而して本書の稿本を觀るに殆ど總ての問題に觸れ極めて平明なる叙述を以て凡ゆる疑點に解決を與へて居るのである。本書一たび出づれば必ずや世を裨益する所頗る多いものがあらうと思ふ。予は平素著者と親交あり序文を請はるるにあたり一言所懷を述べて本書を江湖に推薦する次第である。

大正十二年十一月

法學博士　松本烝治

序

今回の大震火災は突如として吾々の生活に根本的の打撃を加へた。平常普通の社會事情經濟狀態を基礎として組み立てられた吾々の生活關係は大自然の暴虐なる破壞に因つて其の根底を動搖せしめられた。

元來平時吾々の日常生活は實際上比較的「法律」と緣遠いものである。特に法律の智識を要せず法律の力を借ることなしと雖も萬事は先づすら〳〵と運んでゆく。すべては吾々の常識と良心と乃至は又實際的利害の考慮とによつて事なく解決されてゆく。然るに事が一度間違ふと吾々は最早お互の單なる好意と常識とのみに依賴して事を解決し得ざるに至る。法律の助けを借り法律の智識を要すべき時期は卽ち其際である。

大震火災は大仕掛に吾々の生活關係を脅かした。すべては正常の軌道を外れて仕舞つた。平時の利害を考慮し平常の生活を基礎として組み立てられ築き上げられた一切の關係は今やすべて豫期せられたる正常の軌道を進み得ざるに至つた。茲に於てか吾々は忽にして或は法律の助を借りて自己の利益を主張するの必要に迫られ或は法律に依つて他人の攻擊に備ふるの必要を感ぜしめらるゝに至つた。かくの如くにして平素は全く法律と緣遠いものとして單純に考へられて居た生活關係が忽に法律關係として意識せらるゝに至り幾多の法律問題は勃發して吾吾を苦しむるに至つた。茲に於てか平素は「法律」の何たるかに付いて多く意を注がなかつた人々までも皆均しく法律の智識を要求するに至つたのである。

無論かくの如くにして遽かに起り來れる幾多の法律問題は此際必ずしも訴訟の形式をとり嚴格なる常時の法律に準據するに依つてのみ解決せられ得るものではない。非常の事變に起因する非常の諸問題は素より非常の内容を備へて居る。それは多く單に常時を標準として組み立てられた常時の「法律」と其の「法律家」との夢想だもせざりしものである。従つてかくの如き常時的「法律」と其の「法律家」との常時的發動のみに依つて此の非常的諸問題を解決せんとするも事は殆ど不可能に近いと云はねばならぬ。是れ震災以來多數の人々に依つて「調停」の必要が叫ばれて居る所以である。けれども「調停」と雖もそれは獨り「法律」の正しき智識を基礎とするによつてのみ正當の歸結に到達し得るものであつて、調停者も亦調停を受けんとする人々も此際法律の何たるかに付いて正しき智識を有することが必要なのである。

かくの如く今日多數の人々は彼等の日常生活經濟生活についての正しき法律的智識を要求して居る。此の時に當つて若くして而かも老錬なる實務家、而かも同時に篤學の聞え高き眞野君が震火災に起因し關聯して起り來れるあらゆる法律問題に向つて明快懇切なる解答を與ふべき本書を公にされたことは獨り一般の「素人」にとつてのみならず、非常の際之に處すべき非常の法律的智識の缺乏に苦しみつゝある「法律家」にとつても稗益する所甚だ多しと云はねばならない。

傳へ聞く所によれば、眞野君は數年此方多年の經驗と學的蘊蓄とを傾到して學位論文の作成を急がれつゝあつたのである。然るに其業大半を了はりたるの今日無情なる災厄は一朝にして君が多年苦心の結晶を灰燼に歸せしめて仕舞つた。學者の遺憾何ものか之に過ぐるものがあらうぞ。それにも拘らず今や君は不屈不撓の精神を以て全力を盡して再び資料の蒐集を開始されたと云ふ。而して其の忙しき餘暇更に目下萬人を苦しめつゝある非常の法律問題を解決せむが爲めに急遽努力して本書を書かれたのである。蓋し平素充分の蘊蓄と用意とを保有するものにして初めて爲し得べき所なりと云はねばならぬ。聊か所懷を述べて本書の公刊を祝福する所以である。

大正十二年十一月八日

法學博士　末弘嚴太郎

自序

私の事務所――金春館の前にあつた事務所――十年の親しみをもつたあの事務所もこのたびの震災にはやはり祝融の厄を免れ得なかつた。このために私のうけた損害は物質的には遙かに數萬金を超ゆるでありませう。が、自分にとつて、より大きな打擊、より深刻な瘡痍は、何としても、多年に亘つて蒐めてきた研究論文の貴重な資料や參考書、はては劇務の餘暇に成つた苦心の結晶である原稿の數々さへもが、みんな烏有に歸し去つたことである。それゆゑ、從來の研究を進めるには、おのづから、一頓挫を來したわけで、まさに心機を一轉して、再び出發點より力强き步みを踏みしめなければならなくなつた。ところで、畏友帝大敎授高柳賢三君の勸めも一つの動因となつて私はこゝに萬古未曾有の震災を永く精神的に記念するがために、さうして、また私自らの心機の一轉をも計るがために、こんどの震火災によつて捲きおこされた色々の法律問題を比較的平易に通俗に書いてみやうといふ氣になつた。もし本書が多少なりとも罹災者にとつての好伴侶乃至は相談相手となることが出來たならば、同時に幾分でも法律の社會化に貢献するところがあつたならば、それはむしろ私の望外の喜びであらねばならぬ。

下澁谷向山にて

大正十二年十月

前東京帝國大學講師
法學士辯護士　眞野毅

（後記）本書の脱稿印刷後新法令の續出のために幾度も變更修補を餘儀なくされたが、十一月十二日公布の法人破產猶豫令までのものはみな取扱つた。
最後に、わが敬愛する、恩師松本博士竝に先輩末弘博士が公私多端の折柄特に序文をあたへられ本書のために一段の光彩を添へられたことに對しては深き肝銘を感ずるのである。こゝに謹んで厚き謝意を表する次第である。

目次

五　敷金支拂問題……一九
法律の明文――慣例――敷金の法律上の性質――二種類の契約の合成――消費寄託――債權質設定――敷金全額支拂の請求權

六　電話權の問題……二三
燒失電話數――電話權の存續――當局の復舊方針

七　生命保險金の支拂……二四
死亡原因と保險金請求權――死亡事實の證明手續――行方不明の場合――保險金受取人――保險金受取人資格の證明問題

八　火災保險金の支拂問題……二六
政治問題としての觀察――法律問題としての觀察――謂ゆる地震約款――有效か無效か――無效論の二理由――(1)商法第四百十九條の强行性違反――之に對する裁判所の態度如何――(2)約款に對する合意不成立――之に對する裁判所の態度如何――火災原因の問題――地震以外の原因――地震原因の火災――原因證明の責は保險會社にあり――カリホルニア州の判決――原因不明の場合と支拂請求權

九 家屋の抵當權者と保險金の假差押……三七
家屋燒失と保險金に對する抵當權の效力――債務者受領前の保險金差押肝要――保險會社の支拂名義――一部支拂か見舞金か――見舞金の場合
一〇 行方不明者の後始末はいかにすべきか……三九
行方不明者――財產管理――管理人の選定――失踪宣告の申立――失踪宣告と法律上の死亡
一一 死亡者の相續問題……四三
戶主の死亡と家族の死亡――家督相續――家督相續人の順位――家督相續屆――遺產相續――遺產相續人の順位――共同相續――遺產分割
一二 手形等に關する權利保存行爲の期間延長……四九
震災地における權利保存行爲――期間延長――九月中のもの――十月中のもの――償還請求の通知について一疑問
一三 產業上の權利(鑛業權、特許權、商標權、漁業權等)利益の保護……五三
存續期間の延長――權利利益といふ範圍――行政官廳に對する手續の懈怠――その免除

一四　金錢債務の支拂猶豫（モラトリウム）……五六
モラトリウム――支拂猶豫をうくべき債務の要件――支拂猶豫をうけざる例外の場合――猶豫期間内の遲延利息――約定利息――手形利息――辨濟期の變更に非ず――支拂延期の效果――消滅時效との關係――非金錢債務者の同時履行の抗辯
一五　暴利取締令……六三
物資の公正なる分配――暴利罪の成立要件――買占賣惜高價販賣――生活必需品――その品目――暴利を得る目的
一六　治安維持令……六五
流言蜚語――治安維持令の公布――重い罰則規定
一七　租税の徵收猶豫とその減免……六六
徵收猶豫をうける租税――第三種所得税の免除――その輕減――（1）所得の基因たる物件の滅失毀損した場合――（2）住宅又は家財の滅失毀損した場合――被害激甚の場合――被害著しき場合――被害輕微の場合――（3）收入減少の場合――營業税の免除及拂戾――その輕減――減免の申請期間――減免の決定に對する不服申立

目次終

震火災と法律問題

法學士　眞野　毅著

一　戒嚴令の一部施行

わが憲法には『天皇ハ戒嚴ヲ宣告ス。戒嚴ノ要件及效力ハ法律ヲ以テ之ヲ定ム』と規定されてあります（憲法一四條）。この憲法の豫見した戒嚴法は、憲法發布後今日に至るまで未だ制定を見ずして、明治十五年太政官布告第三十六號を以て定められた戒嚴令が、今猶その效力をもつてゐる。戒嚴とは、戰時又は事變に際し、司法行政の常法に依つてゐては公共の秩序を保つことが出來ない場合において、その作用の全部又は一部を特別の取扱の下におき、兵備を以て警戒することを云ふのであります。

しかし、今度の震災に當り執られた手續は戒嚴令の一部規定を施行したに止まつて、實は憲法にいはゆる戒嚴の宣告があつた譯ではない。この『戒嚴令の一部施行』は『戒嚴の宣告』とは法律上その性質が大に異るのであります。今回のは、丁度、彼のポーツマウスの日露媾和條約に對する東京市民の不滿に基く謂ゆる日比谷燒打事件の際に執られた手續と全く同樣で、之を踏襲したものである。卽ち當時多數の群集が警察官署や內務大臣官舍等を襲擊し、之に放火し、通常の警察力を以てしては、之を鎭撫することは到底不可能に見えたから、明治三十八年九月六日緊急勅令(二〇五號)を以て、『東京府內一定ノ地域ヲ限リ別ニ勅令ノ定ムル所ニ依リ戒嚴令中必要ノ規定ヲ適用スルコトヲ得。本令ハ發布ノ日ヨリ之ヲ施行ス』と定め、同日勅令(二〇六號)を以て、新聞紙及び之に準ずべき雜誌の發行停止に關することを定め、又同日勅令(二〇七號)を以て、『東京市、荏原郡、豐多摩郡、北豐島郡、南足立郡、南葛飾郡ニ戒嚴令第九條及第十四條ノ規定ヲ適用ス』と定めたのであつた。今回の震災に當つては、九月二日緊急勅令（三九八號）を以て、『一定ノ地域ヲ限リ別ニ勅令ノ定ムル所ニ依リ戒嚴令中必要ノ規定ヲ適用スルコトヲ得』と定め、同日勅令（三九九號）を以て、東京市荏原郡、豊多摩郡、北豊島郡、南足立郡、南葛飾郡に戒嚴令第九條及び第十四條の規定を適用する旨を定め、翌三日勅令（四〇一號）を以て、戒嚴地域を東京府、神奈川縣に改め、翌四日勅令（四〇二號）を以て、更に之を東京府、神奈川縣、埼玉縣、千葉縣に擴張したのであつた。かくて、震災後の治安は全く軍隊の手によつて支持されたのであります。戒嚴令第九條に依れば、戒嚴地域内即ち『臨戰地境内ニ於テハ地方行政事務及司法事務ノ軍事ニ關係アル事件ヲ限リ其地ノ司令官ニ管掌ノ權ヲ委スルモノトス。此場合ニハ地方官、地方裁判官及檢察官ハ戒嚴ノ布告又ハ宣告アルトキハ速カニ該司令官ニ就テ其指揮ヲ請フヘシ』と定められ、司法行政共に軍事關係以外は依然平常時の通りそれぞれその當局者によつて統轄せらるゝのであるが、この點については具體的の内容が定められてゐないから、その實行上種々の不便が伴ひ、今回は副産物として甘粕事件や龜戸事件等の如き色々の不祥事をも惹きおこすに至つたのであります。又戒嚴令十四條によれば、戒嚴地域内においてはその司令官は、集會又は新聞、雜誌、廣告等の時勢に妨害ありと認むるものを停止すること、軍需に供すべき民有の諸物品を調査し又は時機に依りその輸出を禁止すること、郵便電報を開封し出入の船舶や諸物品を檢査し竝に海陸の通路を停止すること等の諸件を執行するの權限を有し且つその執行から生ずる一切の損害についても賠償の責なき旨が定められてゐるのであります。

二　緊急勅令とは何か

このたびの震災善後の方便として非常立法が行はれ幾多の緊急勅令が續々と發布せられました。戒嚴令適用令、治安維持令、暴利取締令、租税減免令、臨時物資供給令、支拂延期令、輸入税減免令、行政處分による權利利益存續期間延長令の如きはその主なるものである。

この緊急勅令といふは、公共の安全を保ち又は公共の災厄をさけるために、臨時緊急の必要がある場合に、しかも帝國議會が閉會中なるときに、天皇が大權の發動として發布せらるゝ法律に代はるべき勅令のことをいふのである。卽ち法律代用の勅令である。今度のやうな臨時突發的の場合には時機を失せずすぐ樣その善後策を講ずることを肝要とし、これがために議會を召集して法律を制定せしむる時間の餘裕はない。かゝる非常時には、通常の法律制定の手續を一時超越して、しかも法律と同等の效力を有する法則を設けて、臨機應變の處置をつけることの出來る便法が認められてゐるのです。しかし、かゝる法則の設け方は、一時の急場の必要のためにするのであつて、常則には適つてゐないのであるから、後に議會が開かれた場合には、政府はその勅令を議會に提出して事後承諾を求めなければならぬ。さうして、議會がそれに承諾を與ふればそのまゝ效力を持續することになり、若し議會が承諾を與へない場合には政府は將來に向つてその緊急勅令がその效力を失ふことを公布せなければならぬものであります（憲法八條）。

三　燒跡借地權の問題（地主と借地人との關係）

茲に借地權といふのは建物の所有を目的とする地上權及び賃借權をさすのであります（借地法一條）。借地權については、燒失後の權利存否如何と、永續建築に對する地主の異議權と、將來に對する借地人の地代減額請求權とが最も重要な問題となるのです。

一　家屋燒失によつて借地權はどうなるか。家屋は燒けても借地權は燒けない。借地期間内は依然として權利が存續するのです。借地權にはそれぞれ法律上一定の期間がある。その期間は、實際上正確には、各の借地契約を一々調べて見ねば判然したことをいひ兼ねるのでありますが、大體次の如く區別してみれば、自ら明かになるであらうと思ふ。

（一）大正十年五月十五日以後卽ち借地法施行後に、借地權が設定されたのであれば、その期間は次の如くなる―

（イ）石造、土造、煉瓦造又は之に類する堅固な建物の所有を目的とする借地權は、當事者間に契約を以て三十年以上の存續期間を定めた場合には、建物の朽廢に關係なく、常にその契約上の期間の滿了まで存續する。若し、當事者が三十年に達しない短かい期間を定めた場合には、その期間については法律上その效力なく全く存續期間を定めなかつたものと看做される。さうして當事者間に存續期間の定めのなかつた場合には、六十年の期間となる。但しこの場合には、期間滿了前に建物が朽廢すれば、之に因つて借地權は消滅する（借地法二條、八條）。それ故、何れにしても、震災當時には尙ほ多くの期間を殘してゐる勘定になります。

（ロ）堅固の建物以外の建物例へば木造家屋の所有を目的とする借地權は、當事者間に契約を以て二十年以上の存續期間を定めた場合には、建物の朽廢に關係なく、常にその契約上の期間の滿了まで存續する。若し當事者が二十年に達しない短かい期間を定めた場合には、その期間については法律上その効力なく、全く存續期間を定めなかつたものと看做される。さうして、當事者間に存續期間の定めのなかつた場合には、三十年の期間となる。但しこの場合には、期間滿了前に建物が朽廢すれば、之に因つて借地權は消滅する。又借地權設定契約の中に、建物の種類及び構造を定めてない場合には、堅固の建物以外の建物の所有を目的とする借地權と看做される（借地法二條、三條、八條）。それ故、この場合もまた何れにしても、震災當時には尚ほ多くの期間を殘してゐる勘定になります。

（二）大正十年五月十四日以前卽ち借地法施行前に、借地權の設定がなされたのであれば、その期間は次の如くなる（借地法一七條）——

（イ）堅固の建物　之について三十年を超ゆる存續期間を定めた地上權は、建物の朽廢に關係なく、常にその期間の滿了まで存續する。賃借權及び前記以外の地上權の存續期間は、借地法施行までに既に經過したる期間を算入して三十年とせられる。但しこの場合には、期間滿了前にその建物が朽廢すれば、之に因つて借地權は消滅するのです。

（ロ）　堅固の建物以外の建物　之について二十年の存續期間を定めた地上權は、建物の朽廢に關係なく常にその期間の滿了まで存續する。賃借權及び前記以外の地上權の存續期間は、借地法施行までに既に經過したる期間を算入して二十年とせられる。但しこの場合には、期間滿了前その建物が朽廢すれば、之に因つて借地權は消滅するのです。

（ハ）　存續期間について定めのない借地權について、借地法施行前に二十年を經過してゐる場合においては、當事者は二十年毎に契約を更新したものと看做して、前記の（イ）又は（ロ）に從つてその存續期間を定めることになつてゐる。

前述したところに從つて計算をして震災當時に、尚、殘存期間があつたならば、家屋の燒失に拘らず、その期間内は借地權の消滅をきたすやうなことはない。前に述べた樣に建物の朽廢により借地權の消滅する場合もあるから、強慾な地主は、これを楯にとつて借地權の消滅を主張するかも知れないが、燒失と朽廢とは之を同一に見ることはできないのである。それ故、借地人は特に地主の承諾を得なくとも、自ら燒跡にバラック建や本建築をすることが出來るのであつて、地主には毫も之を拒む權利がないのであります。

二　殘存期間を超えるやうな再築に對する地主の異議權　震災後に、借地人が前に述ぶる殘りの借地期間を超えて存續するやうな建物を新築せんとしてゐる場合においては、その地主は、時機に遲れぬやうに、之に對して異議を述べることを忘れてはなりませぬ。若し、地主が何等異議を述べなかつた場合や異議の述べ方が遲すぎた場合には、借地權の期間が延長される結果をきたすことがある。即ちかゝる場合に、借地權は殘存期間に關係なく震災による建物の倒潰又は燒失の日から起算して、堅固の建物については新たに三十年の期間が存續することになり、又その他の建物については新たに二十年の期間が存續することになる。但し殘存期間の方がこの三十年、二十年の新期間よりも長いときには、その殘存期間によることになるのであります。

三　燒失後の地代はいかにすべきか　借地人は借地權を保存してゆくためには、震災後も地代を支拂はねばならぬ。その支拂は、九月中に辨濟すべきものについては、支拂延期令によつて三十日間延期せられた。地上權を有する借地人が、引續き二年以上地代の支拂を怠り、又は破産の宣告を受けた場合には、地主は地上權の消滅を請求することができ（民法二六六條、二七六條）、又賃借權を有する借地人は、地代の支拂を一回でも怠れば、地主は手續をふんで賃貸借契約を解除することが出來る（民法五四一條）。それ故、借地人はこの際地代の支拂を怠らぬやう注意すべきである。

次に、その將來の地代の額は、震災前に比して、公租公課の減少、地價の低落、比隣の土地の地代の輕減等の事情があれば、それに應じて相當な程度において、この際借地人より地主に對しその減額を請求する權利があります（借地法一二條）。若し、地主がその請求を承諾しない場合においても、借地人は裁判上で相當の減額を認めさすることが出來るのです。

四 焼けた後の借家權の問題

焼跡借地權の問題卽ち地主と借地人との間の關係については、前に述べましたが、こゝには借家權の問題卽ち焼失した家屋の持主(地主又は借地人)と借家人との間の關係を說きたいと思ひます。震災後社會的にも特に重大視されてゐる問題の一つは、法律上借家人は焼跡にバラックを建てることが出來るかどうかといふ問題であります。私は借家人は焼跡に一時的のバラックを建てることが出來るものと考へる。普通の借家關係なるものは、家主が借家人に建物の使用收益を爲さしめ、之に對し借家人が家主に一定の家賃を支拂ふといふ關係でありますから、其目的物たる家屋が震災に當り焼失してしまへば、その家屋の使用收益といふことは最早事實上出來なくなり、家主は借家人に對し之を使用收益せしむる義務を免れると同時に家賃を請求する權利をも失ひ、從來通りの借家關係は消滅するのである。しかし、借家權が消滅してもㇸ借家人がその燒跡にバラックを建てることは、ほかの理由によつて許さるべきものである。私は、その根據を非常時に對する緊急權（Notrecht, right of extreme need）の法理に求むることが出來やうと思ふ。國家にしても、個人にしても、非常時には常時の通則に拘泥せずして、臨機の處置を爲すことが必要であり、法律上もまた之を認めてゐる。さうして、かくの如く非常時に臨機非常の處置を爲すことを得るのは、一般に緊急權に基くとせらるゝのである。憲法における緊急勅令や財政上の緊急處分の如き（憲法八條七〇條）、刑法及び民法における正當防衛や緊急避難の如き（刑法三六條、三七條、民法七二〇條）、何れも皆この緊急權の思想に胚胎したものである。

本來借家關係は、繼續的の特質を有するものであつて、借家人は實にその繼續性の上に居住乃至營業の安定を得てゐるのである。從つて、家主は解約によつて卽時に借家關係を消滅せしむることは許されない。民法によれば三ヶ月前に、借家法によれば六ヶ月前に、解約を申入れることが必要とされてゐる（民法六一七條 借家法三條）。しかるにも拘らず、今回の大震災は、忽ちにして東京だけでも三十六萬餘戸の家屋を灰燼にすると共に、その借家關係をも斷ち切つてしまつた。その災厄は、いかにも急激であり突發的であり、その被害は、いかにも廣く且つ痛ましいものがある。かくて、一度は生命そのものを脅かされた多くの都會人は、その生命の安全を喜ぶと同時に直ちにまた居住乃至生業の脅威を痛感せざるを得なくなつた。まことに、住むに家なく、商なふに店舗なしといふ悲慘な狀態である。茲において、燒跡の假小屋建設は、多くの罹災者にとつては、その生存にかゝはる緊急な重大問題となつて現はれた。かゝる非常時に當つて、借家人がその燒跡にバラックを建て一時的に居住生業の保全を計るのは、その一家の生存を維持する必要上已むを得ざることであつて、正に前述した緊急權の發動と見ることが出來る。卽ち、借家人の假小屋建設は多くの法律の中にその一端を現はしてゐる緊急權といふ大きな法理から見て、是認せらるべき適法行爲であると論ぜねばならぬ。それ故、家主（借地人）

や地主は借家人の建てた假小屋の取拂を請求し又はその建設を禁止することは出來ぬ。

けれども、この借家人の假小屋建設は前述の如く緊急權の行使として初めて認めらるゝのであるから、借家人は之がため借地權を取得することを得ざるは勿論、その建設の程度も亦固より緊急といふ事情に依つて相當の制限を受くべきであつて、借地人又は地主をさしおいてその地上に永久的の建物を建てることは許さるべきことでない。借家人の居住乃至生業即ちその生存がこの急迫の際に妥當に保たれてゆくに相當なる期間と程度においてのみ、その建設は許さるべきものである。この緊急權行使の適法なる範圍、殊にその期間如何の問題は、實際問題として可なり困難なものではあるが、畢竟、その災害の程度、復舊の狀況、借家法における解約期間、從來における家主との間の諸種の關係その他萬般の事情を斟酌して、個々の事案について、それぞれ妥當を失はないやうに定めらるべきものである。さうして私はおよそ六ヶ月乃至一年位を以て、その相當な期間であると考へる。

借家人のバラック建設の問題は、家主と地主が異る場合には借家人と家主(借地人)と地主との間に三角關係を生じ、又家屋轉貸の場合には、轉借入と轉貸人と家主と地主との間に四角關係をも生じ、複雜なる紛爭を來たすおそれがあるから、震災後新たに當事者間に妥當なる協定を遂げ、爭を未前に防ぐのも賢明な方法であらうし、又その紛爭を借地借家調停法の手續に依る調停によつて、圓滿なる解決を告げるのも一方法であらうと思ふ。

五　敷金支拂問題

敷金については、法律上多くの明文規定はないが、(民法三一六條)都會地における家屋の賃貸借に關して、實際上の慣例として發達し來つたもので、現今においては廣く一般に敷金の授受が行はれ、今や敷金の差入れなくして家屋が賃貸借さるゝやうな場合は、殆んど稀に見るに過ぎない有樣である。さうして、その額は通常少ない場合でも家賃の二三箇月分に當り、多い場合にはその六七箇月分以上にも當つてゐる。しかるに、今度の震火災で三十六萬餘戸の家屋が一時に燒失したのであるから、こゝに敷金の返還は、一つの大きな問題となつて現はれた。

私の解するところでは、敷金の差入なるものは二種類の契約の合成したものと見るのが正しいのである。その一つは、敷金に當る金額の消費寄託契約である(民法六六六條)。卽ち敷金を受取つた家主はこれを預るのではあるが、そのままに之を保存してゐる必要はなく、その金を他に流用し消費しても一向差支はない。しかし、この預つた敷金はやがて借家人に返還すべき性質のものであつて、借家人は敷金返還の請求權をもつてゐるのである。他の一つは家賃の支拂義務を擔保するためにこの敷金返還請求權といふ債權の上に質權を設定するところの擔保契約である。之は恰も銀行から金を借りるものが、その銀行に對する自分の定期預金債權を擔保として差入れる場合によく似た關係である。この擔保契約のために、借家人は賃貸借が繼續してゐる間は、敷金返還の請求權を行使することを制限せられ、又家主は家賃不拂の場合には、その質權實行として優先的に相殺計算をなすことが出來るのである。

敷金差入の法律上の性質は以上の如くであるから、震災によつて家屋が燒失しそのまゝ賃貸借の契約が消滅に歸した場合には、借家人は家主に對し敷金全額の支拂を請求することが出來る。但し支拂延期令によつて、賃貸借契約消滅後三十日間は、支拂が延期せらるゝ。なほ家賃の滯りがあつた場合には、その額は勿論差引かるゝ勘定である。世間多くの家主の中には、この際自分だけに都合のいゝように出來てゐる特約の條項などを楯にとつたりして、敷金全額の支拂をしぶる不德漢もあらうが、一面には、また家作持で大きな損害を被つたものもあるから、相當な程度で妥協をつけるのが得策な場合もあらう。

六　電話權の問題

震災前に八萬四千と數へられた東京市內の電話は、震災のために六萬二千個を燒失して、僅かに二萬二千個を殘したに過ぎない。殘つたものでも交換局の燒失等により不通となつてゐるものが少くない。かくて、文明の利器は、一時に破壞されてしまつた。これがために電話權は無くなつたであらうか。震災の當時、或る待合の女將が煙の中から電話機を命からがら持ち出して來て、これで四千圓がものは助かつたと喜んだのもひと時、そんなものは出してても出さなくとも、電話權にかわりはないと敎はつて、がつかりしてしまつたといふ悲喜劇が演ぜられた、と傳へられてゐる。全くそのとほり、電話機は燒けても、電話權は燒けないのである。電話權は從來裁判上も一つの財產權として認められてゐたところであつて、燒失後も存續すべきは論を待たない。ただ交換局の再築や、電話機の輸入や、電話線の修理や、豫算の都合で、その復舊まてには、遅きは數年の年月を要することであらう。當局の方針では、大正十三年一月末日までに四谷局の二千五百個を開通せしめ、同年三月末までに丸の内局の四千五百個を開通せしめ、尙そのほかの各局の分は、漸次復舊の步を進めて、三箇年後に全部の完了を見る豫定だといふことであるが、電話は今日では現代人にとつては、生活必需品ともいふべきものであるから、加入者は電話權があるからといつて安閑として居るべきではない。加入者は權利の上に眠ることをしないで、結束して立ち飽くまで當局を鞭韃して、一日も早く、一刻も速かに、その開通を見るやうにその促進を計らねばならぬ。電話の復舊は實に帝都復興の第一步である。

七　生命保險金の支拂

普通の生命保險契約は、或る者の死亡によつて保險金を支拂ふべきことを約定するものであるから、そこに死亡の事實があれば、その死亡原因の如何を問はず、保險金は一般に支拂はるべき筈のものである。ただ、特別の場合、例へば自殺、決鬪、死刑の執行といふやうなことによる死亡の場合や、保險金受取人又は保險契約者が被保險者を故意に殺したといふやうな場合については、保險會社に支拂の責任なきことが商法上定められてゐる(商法四三一條)。このほか普通保險約款の中には、保險會社が支拂の責に任じない二三の特別の場合が定められてゐるのが普通一般であるが、火災保險で問題となるやうな謂ゆる地震約款は存在してゐないから、地震による壓死たると、燒死たると、溺死たるとの區別なく、保險金の支拂を請求することが出來る。　しかし、實際上この保險金の請求について、面倒のおこりそうな點が三つ許りある。　それは死亡事實の證明と、行方不明の場合と、保險金受取資格の證明の問題である。

（一）保險金の支拂を受けるには、死亡事實を保險會社に確認せしむることが先づ必要である。そして普通保險約款には保險金を受取るべき者は、その請求に當り、保險會社に對して、醫者の死亡診斷書又は死體檢案書、被保險者の戸籍の謄本及び保險證劵等の書類を提出すべきことを要求してゐるのが常である。そこで、保險金を受取らんとする者は、手續上先づ、被保險者死亡の事實を、保險約款の要求するとほりの證明方法によつて、明白ならしめなければならぬ。然るに、今度の震災による死亡者は多數混亂して一々明確に診斷や檢案の出來ない場合もあらうし、又區役所の戸籍簿燒失して戸籍謄本を得難い場合もあらう。なほ保險證劵及び保險料受領證を燒失せしめた者も多いであらう。しかし、兎に角、死亡の事實が何とかして一應明かにせらるゝ限り、今回の如き非常の時に當つては、保險會社は區々たる手續上の常規末節に拘泥せずして速かにその支拂を爲すべきものであり、又さうするのが結局會社のためにも得策であらうと思ふ。

〔二〕　前に述ぶるやうに何とかして死亡の證明がつけば保險金を請求することは出來るが、若し行方不明となつた者の生死のほどを明確に判斷することの出來ぬ有樣にある場合についてはどうなるか。これについては一〇の『行方不明者の後始末はいかにすべきか』といふところでも述べておいた。結局その行方不明者に對する失踪の宣告の裁判を求めて、之を法律上の死者となし、その上で保險金支拂の請求を爲すべきである。普通保險約款中には、被保險者が失踪の宣告を受けたときには、保險會社は保險金支拂の責に任じないといふが如き條項を設けてゐるのが多いけれども、今回の如き震災は場所によつては一般的に死亡の原因たるべき危難に遭遇したものであつて、行方不明者の死亡は普通の場合とは違つて極めて確實性に富んでゐるといふことが出來る。それ故、保險會社は失踪宣告の場合にも保險金を支拂ふべきを當然とする場合が多いであらう。

（三） 次に、保険金の受取人は法律上一定してゐる。 保険契約者が保険金を受取るべき者を指定しておいた場合には、その者が受取人となる。 かゝる指定がない場合には、保険契約者の相續人が受取人となる（商法四二八條ノ三及四）。 かく誰が死亡者の相續人となるかについては、一一のところを讀まれたい。 かくて保険金受取人は一定してゐるのであるが、その者が實際上保険金の請求をなすには、手續上印鑑證明又は戸籍謄本其他によつて自分が受取人資格を有することを明白にせねばならぬ。 しかし、これも亦些々たる手續上の問題たるに過ぎないから、法律上保険金受取人の地位にあるものは、飽くまで之を請求することが出來る譯である。

八　火災保險金の支拂問題

未曾有の震災が捲き起した無數の法律問題の中で、何といつても、横綱格なのは、火災保險金支拂の問題である。震災以來既に五旬、事毎に朝野の間に論議の種となり、政府側と、保險會社側と、被保險者側との間に、巴を畫いて渦巻きながら、未だに解決の曙光を見ることすら出來ない有樣である。このたびの保險金問題は罹災の範圍が廣いといふことや、保險金額の大きいといふことや、復興資金たるべき本質を有するといふことや、金融擔保物の代位性をもつてゐるといふことや、保險事業其ものゝ性質等からしてどうしても、一つの政治問題として取扱はれねばならぬものである。政治問題として之を見れば色々の解決案もあらうし、又私にも一個の見解があるけれども、それは兎も角として、現在の狀勢では、徹底的の解決はとげられさうになく、結局保險金の僅な一部を見舞金名義の下に支拂ふ位が關の山てあらうと思はれる。かくて、監督官廳たる農商務省の重荷は一應おろされもしやうが、保險金問題は決して之て結末がつく譯てはない。政治問題としての解決程度を日和見してゐた一般の被保險者は、必ずや、深き失望と不滿に堪えぬてあらう。さうして、終に、決河の勢を以て、情理ある最後の審判を仰ぐべく、此問題は、續々として法廷に擔ぎ込まれ、裁判所は保險金請求事件の殺到に忙殺さるゝに至るのは、震災當時のあの大きな火を睹るよりもなほ明かてある。かやうにして、此問題は訴訟化し、法廷化し、法律問題化せざるを得ぬ運命にある。何人か能く之を拒否することを得やうぞ。さて、私は之に關する法律上の主なる論點や、裁判所がいか樣に裁判するてあらうかの點に就て少しく述べてみたいと思ふ。

火事て燒ければ、誰しも、保險金が貰へるものと思つてゐた。ところが、豈計らんや、震災後四五日して保險會社は、地震による火災については責任がないといひ出した。そこで、被保險者はそんな筈ではなかつたと、能くよく精密に保險證劵の裏まで調べてみたら、成る程蟲眼鏡で見なければならぬやうな小さな活字で、『原因ノ直接ト間接トヲ問ハス地震又ハ噴火ノ爲メニ生シタル火災及其延燒其ノ他ノ損害』については、會社が損害塡補の責に任じないといふやうなことが書かれてあつた。これが問題の渦卷く發端であり、且つその中心である。かやうな保險約款の條項は普通に『地震約款』(Earthquake clause, Erdbewegungsklausel) と呼ばれてゐる。アメリカに於ける保險約款の中にも普通は "This company shall not be liable for loss or damage occasioned by or through any volcano, earthquake, hurricaue or other eruption, convulsion or disturbance of nature" といふやうな大同小異の條項が存在するのを見受ける。

地震約款! 地震約款! かゝる地震約款は果して我商法上有效であらうか。これが問題の一要點である。地震約款を無效だと解する議論には、およそ二つの理由がある。その一つは、純粹の法律解釋論であつて、その主張によれば、商法第四百十九條には、『火災ニ因リテ生シタル損害ハ其火災ノ原因如何ヲ問ハス保險者之ヲ塡補スル責ニ任ス但第三百九十五條及第三百九十六條ノ場合ハ此限リニ在ラス』と定められ、同第三百九十五條及び第三百九十六條には(イ)戰爭その他の變亂による損害、(ロ)保險の目的物の性質若くは瑕疵その自然の消耗による損害、(ハ)被保險者側の惡意又は重過失による損害については、保險會社に塡補責任がないことを定めてゐる。それ故、以上列記以外の場合においては、法文通り火災の原因如何を問はず、保險會社は當然責任を負はねばならぬから、地震による火災損害について責に任じない旨の約款を設けてゐても、それは無效だといふのである。ドイツの保險法には、明かに地震による火災を以て會社の免責事由としてゐるから、地震約款の有效無效の問題は發生する餘地がないのであるけれども、我商法では明文がないから爭となる。結局は商法第四百十九條の解釋に歸するのであつて、同條を以て公共の利益の爲に特に設けられた規定と解するか、又は當事者が特約を爲さざる場合を豫想してその補充のために設けられた規定と解するか言ひかへればこれをもつて强行規定と解するかまたは任意規定と解するかによつて、同條の內容に異る當事者間の特約たる地震約款が、或は無效視せられ、或は有效視せらるゝこととなる譯である。この點に關する從來の多數說は、之を任意規定と解してゐたのであるが、社會の事情の甚しく遷り變つた現時において、立法乃至法律解釋の一般傾向が個人本位から著しく社會本位に進みつゝある現今において、さうして裁判もまた序を追ふて社會化しつゝある今日において、然かもこの大きな震災といふ背景を控へて、裁判所が判決上その解釋について如何なる態度をとるであらうか。これは固より法律學上種々の點から見て興味深き問題ではあるが、裁判所としては同じく被保險者に勝訴を得せしむるにしても恐らくは純理論的のこの問題を以てせずして、他の後に述ぶる事實問題の點で被保險者に有利な認定を與ふるのではなからうかと思ふ。

次に、地震約款を以て無效だとする議論の他の一つの理由は、これに關して有效なる合意は存在しないと見る特約の成否に關する事實論である。保險契約成立の實際を考へると、契約を結ぶ際には、たゞ契約の大要をきめるだけであつて、保險約款を掲げた保險證劵は後日送附せらるゝに過ぎない。契約締結の際には保險契約者はさらにその内容をも知らぬのが通例である。かゝる事情の下においては、商法の規定と異る内容をもつやうな地震約款について有效な合意が成立したとは到底認むることが出來ないといふ主張である。これは結局事實認定の問題に歸するから、裁判所としては被保險者に勝訴を得せしめるには或はこの道を選ぶかも知れない。

さはさりながら、保險金の問題の法廷的觀察について、被保險者側の强味は、何としても、次に述べんとする火災原因の點がその隨一である。今度の東京の大火は、一日から三日に亘り、その出火の箇所は百三十有餘と傳へられてゐる。さうしてその出火の原因も區々であつて、その中には地震によるものもあらう、通常の失火によるものもあらう、放火によるものもあらう、又爆彈の投棄によるものもあらう。そこで、(一)被保險者の側で證人その他の方法を以て地震以外の原因による火災のために燒失したことの證明がつくならば、前にいつた地震約款の有效無效などは全く問題とならずに勝訴を得べきは必定である。(二)又實際上地震による火災のために燒失した分についても、裁判上保險會社がその證明を立つることは恐らく困難であらう。平常時に一二軒燒けて警察が血眼になつて調べても尚ほ出火原因の不明な場合が少くない。今度のやうな場合には尚更のこと火元でも原因不明なものがざらにあらう。ましてや、焦熱地獄のやうな、あの恐ろしかつた阿鼻叫喚の巷の何番地のどの家が如何なる原因の火焔のために類燒するに至つたかについては、神ならぬ保險會社がどうして之を知り得る筈があらう、又どうしてその的確な證明が出來る筈があらう。(三)こゝにおいて法廷に現はれる保險事件の大多數は、その火災原因が地震であるか否かについては、結局曖昧な不確なものとなつてしまうであらう。保險會社が飽くまで地震約款を楯にとつて責任を免れやうとするには、その火災の原因が地震であることを自ら進んで充分證明しなければならぬ立場にある。卽ちこの場合、訴訟上火災原因を證明すべき責任を負つてゐるものは、保險會社であつて、被保險者ではない。この點は、法廷の實際問題としては、最も大切な關係をもつのであるが、カリホルニア州における諸裁判所の最近判例においても、何れも皆地震約款について、火災原因の立證責任は保險會社にありとしてゐるのは以て被保險者の意を强うするに足るものがある。又裁判所が判決をする上から見ても、この火災原因事實の立證の點を捉へて被保險者に勝訴を得せしめるのは極めて易々たることである。裁判所としては、地震約款の有效無效やそれに關する合意の有無といふやうな點で、今回の保險問題を解決するよりは、火災原因の點で解決する方が、啻により賢明なる方法であるのみでなく、遙かに事宜に適する處置といふことが出來よう。

さあれ、最後に而も力をこめて一言したいのは、殊にかゝる突發的の非常時に際しては、裁判所の職能は、千遍一律に、判決によつて、丸儲けに非ずんば丸損といふが如き極端な結果を招致することのみが能ではないといふ點である。

寧ろそれよりも、判決以外の方法例へば信念に立つ力強き和解の勸告等により、事案のそれぞれによく適應した、それ〴〵合理的基礎に立つ謂ゆる具體的妥當性を失はない解決を遂げしめるのが、裁判官のより高き使命であるといはねばならぬ。

九　家屋の抵當權者と保險金の假差押

燒失した家屋について抵當權をもつてゐる債權者は、燒失によつて債務者が保險會社から受取るべき火災保險金に對しても、その抵當權の效力を主張し、これから優先的の辨濟をうけることが出來る。これは物上代位といつて、從來抵當權の目的物であつた家屋が燒失したために、保險金がその代用をつとめて擔保の責を塞ぐといふ形である。しかし、抵當權者はそのまゝ無條件で、保險金から優先辨濟をうける譯にはゆかぬ。まづ抵當權者は、債權者がまだ保險會社から保險金の支拂をうけない以前に、その保險金債權の差押又は假差押の手續をなしておかねばならぬのである（民法三七二條三〇四條）。債務者が受取つてしまつた保險金については、最早抵當權を主張して優先辨濟をうけることは出來なくなるのである。この際保險金が先づ債務者の手に入るか、抵當權者の手に入るかは、利害關係の大いに岐るゝところであるから、抵當權者は、よろしく臨機の處置を怠らぬやうにすることが最も肝要であります。

火災保險金の支拂問題については、(八)のところで詳しく述べました。若し、保險會社が任意に支出する金の名義が、保險金の一部支拂でなく單に見舞金であるとすれば、抵當權者としては、その見舞金を受領する權利はないことにならう。しかし、抵當權者が先に保險金の假差押をしておけば、その見舞金を債務者が受領すると否とは、保險金請求權の消長には關係がないから、保險會社に對し保險金支拂の訴を起すことが出來るわけである。

一〇　行方不明者の後始末はいかにすべきか

今囘の大震災に當つては、十數萬人といふ多數の行方不明者が出來た。その中には確かに九分九厘まで死んだと思はれるやうなものもあらうし、又生死のほどははつきりせぬが兎に角行方が知れなくなつたものもあらう。そこで、かゝる行方不明者の行衞は、さしあたり懸賞附や新聞廣告や張紙やその他のあらゆる手段で、親戚、友人、關係者によつて探がし求められてゐるが、不幸にして遂に探がしあてられなかつた場合においては、その行方不明者の財産關係や、身分關係は一時的又は永久的にいかやうに後始末をつけるべきものであらうか。これには、次のやうな財産管理の方法と、失踪宣告の方法とがある。

一　財産管理　行方不明者が殘していつた財産例へば土地、株券、公債、債券、火災保險金請求權、貸金その他の債權等については、親戚友人と雖も法律上これを處分することが出來ぬのはいふをまたぬ。若し下手に管理處分をすれば、後日いかなる問題をひき起さぬとも限らない。そこで、法律はかゝる場合に處する便法として、財產管理といふ方法を認めてゐるからこれによるのがよいと思ふ。その財產管理の手續に入るには、行方不明者の利害關係人からその行方不明者の最後の住所地の區裁判所に對し、財產管理處分命令の申請をなすのがよい。

この申請があれば、裁判所は行方不明の事實や財產關係等につき一應の調査をなし、その事情に從つて、或は適當な管理人の選定をするとか、財產に封印をするとか、財產を賣却して金に換へ保管するとか、又はそのほかの財產保全に必要な命令を爲すことになる。さうして、若し管理人が選定せられた場合には、その管理人は財產目錄を作り誠實にその管理の事務にあたることゝなるのである。又裁判所は、場合に依つて、管理人をして財產の管理及び返還について相當の擔保を提供せしむることも出來るのであります（民法二五條以下、非訟事件手

二　失踪宣告　行方不明者は生死がたゞ不分明といふだけて、直ちに之を以て法律上的確に死亡者として取扱ひ、戸籍や相續問題等を簡單にとりきめてしまうわけにはいかぬ。しかし、それかといつて、何時までも生死不明のまゝほつておくわけにもいかない。前に述べた財產管理の方法は單に一時的の處置であつて永久的の處置ではない。それ故、永久的の後始末として、その行方不明者を法律上の死亡者とするためには、利害關係者から、その行方不明者の最後の住所地の區裁判所に對し失踪宣告の申立をすることが必要である。この申立は通常の場合には行方不明になつてから七年間を經過しなければ出來ない譯であるが、今度の震火災は多くの者にとつて生命に危險を及ぼすやうな危難であつたから、三年を經過すればこの申立をすることが出來る。さうして裁判所がこの申立に基いて失踪宣告をすれば、行方不明者は三年の期間滿了の時に死亡したものとされる。從つてこの時期を標準として一切の身分關係や財產關係殊に相續の問題等が決定せられることゝなるのでありますへ民法三〇條以下、人事訴訟手續法七〇條以下）。けれども、後になつて失踪宣告をうけた者が、生存してゐることがわかつたり、又は前述の時期と異る時に死亡したことが明瞭となつた場合には、本人又は利害關係人の請求によつて、失踪の宣告を取消してもらうことが出來る。

さてしかし、今度のやうな大震災の後始末をつけるには、民法における非常危難の三年といふ短期間も實は甚だ長きに失する嫌がある。そこで何とか新たに特別の法律を設けて、行方不明となつた罹災者に對しては、六箇月位を經過すれば失踪宣告の申立が出來るやうな便法を開き、さうして迅速に行方不明者の身分乃至財產關係を確定せしめ、力を協せて復興に邁進することが肝要である。私はこの機會において、この點に關する特別立法の必要なゆゑんを提唱しておく。

二　死亡者の相續問題

こんどの震災のために尊き生命を失つた者は、恐らく十萬人を超ゆることでありませう。この澤山の死亡に伴つて、當然に相續といふ身分上、財産上重大な問題がおこる。さうして、この相續はその死亡者が戸主であつたか又は戸主の家族であつたかに從つて、家督相續と遺産相續との二つにわかれ、それぞれ法律上の取扱ひ方が異ることになります。

一　家督相續　戸主が死んだ場合に起る相續は家督相續といふものであつて、その相續人は死亡者卽ち前戸主のもつてゐたあらゆる一切の權利義務を承繼して自ら戸主となるのである。一體誰が家督相續人となるかは一番大切な問題でありますが、これについては法律上一定の順序が定められてあつて、その第一位にある一人だけが相續することになるのであります。家督相續はどんな場合でも二人以上の者が同時に相續するといふことはありません。なぜなら、戸主權は一つの家には一つしかないからである。さうして、この家督相續人となる者の順序は大體次のやうであります(民法九七〇條乃至九八五條)

(一) 死亡者の家族たる直系卑屬(子や孫のことをいふ) 死亡者と戸籍を同じうする子や孫が一人しかなければその者が相續する。けれども、子や孫が數人あれば、次の順序によるー

(イ) 先づ親等の近い者の方が相續する。孫よりは子の方が相續人となる。

(ロ) 親等の同じ者の間では、男の方が相續する。女の子と男の子とがあれば男の子が相續人となる。男の子がなければ初めて女の子が相續人となる。しかし、男の子が私生子であれば、女の嫡出子(法律上の手續をふんだ夫婦の間に生れた子供)や庶子にもかなはない。

(ハ) 親等の同じ男の間では、嫡出子が相續する。庶子や私生子は嫡出子にかなはない。また私生子は庶子にかなはない。

(ニ) 親等の同じ女の間でも、前と同じ樣に嫡出の子が相續する。庶子や私生子は嫡出子にかなはない。また私生子は庶子にかなはない。

(ホ) 前に述べた資格が全部同一の場合には年上の者が相續する。

なほ養子は家督相續については養子緣組の時に生れた嫡出子として取扱はれる。又前の規定によつて相續人たるべき者が家督相續の開始前に死亡したときは、その子や孫はその者と同じ順位で相續人となる。卽ち震災死亡者の長男の子は長男が以前に死んでゐても長男と同じ待遇をうけるから、かかる場合次男と長男の子との間では長男の子卽ち孫の方が相續人となる。

(二) 死んだ前戶主の指定した者　前の(一)に述べたやうな家族たる子や孫がない場合には、死亡者が生前に自分の相續人を指定して戶籍上の屆けをしてあつた場合とか又は遺言の中に相續人を指定しておいた場合には、その指定をうけた者が相續人となる。

(三) 前の(一)や(二)に述べた相續人がない場合には、(1)家付の娘たる妻、(2)兄弟、(3)姉妹、(4)家付の娘以外の妻、(5)兄弟姉妹の子孫の中から、この順位に從つて相續人が選定される　これを選定する者は死亡者の父である。父がなければ母である。母もなければ裁判所の公認した親族會である。又選定される者の順序は裁判所の許可を得れば變更することも出來る。

(四)　前の(三)に述べた相續人もない場合には、死亡者の父、母、祖父、祖母といふ順序でその一人が相續人となる。

(五)　前の(四)に述べた相續人もない場合には、死亡者の親族、家族、分家の戸主、本家又は分家の家族の中から、親族會で相續人を選定する。これもない場合には初めて全くの他人の中から、親族會が相續人を選むことになる。

家督相續人の順序はかやうであるが、震災のために一家族の多數の者が死んだ場合には、その中の誰が先きに死んだかによつて、相續の順位の問題が違つてくるのである。さうして、我國の民法ではドイツ民法等と異り、共同の危難によつて數人が一時に死亡したやうな場合について、死亡の先後の推定を設けてゐないから、その死亡の先後については面倒な問題を惹きおこすに至るであらう。

家督相續の屆出は戸籍法（一二五條以下）によつてなすべきであるが、家督相續の效力はその屆出の有無に關係なく法律上當然に發生するのであります。

二　遺産相續　これは戸主でない家族が死んだ場合におこる財産相續であつて、その相續人は死亡者がもつてゐた一切の權利義務を承繼して自らその權利義務の主體となるのであります。誰が遺産相續人となるかについては、法律上次のやうに一定の順位が定まつてゐます（民法九九四條乃至九九六條）

（一）死亡者の子孫　遺産相續は家督相續とちがつて、他の戸籍にある子や孫でも同樣に相續權があります。子と孫とある場合には子だけが相續をし、子がなければ孫が相續する。數人の子や數人の孫は同じ順位で共同の相續人となる。しかし、相續前に死んだ者の子孫はその父祖と同じ順位で相續人となるのであります。

（二）死亡者に子孫がない場合には、(1)死亡者の夫又は妻、(2)死亡者の父母、(3)死亡者の祖父母(4)死亡者の戸主といふ順序で相續人となります。

若し同じ順位の者が數人もある場合には、その數人が皆同じ割合で相續をし、後で遺產の分割をするといふことになります。遺產相續は純然たる財產相續であつて、別段身分關係に變更を生じないから、戸籍上の屆出を必要としません。けれどもその遺產が地所家屋や株券のやうなものであれば、登記又は名義變更の手續をする必要があります。

二　手形等に關する權利保存行爲の期間延長

手形(爲替手形、約束手形、小切手)その他之に準ずべき有價證券に關して、大正十二年九月一日から同月三十日までの間に、震災地區(卽ち東京府、神奈川縣、靜岡縣、埼玉縣、千葉縣)において、權利保存のためになすべき行爲、例へば拒絕證書の作成、償還請求の通知、支拂の呈示の如き行爲は、本來その行爲をなすべき法定の時期(商法四八七條乃至四八八條ノ二、五二九條、五三三條、五三四條、五三七條)から六十日內に之をなせば權利保存の效力を保有するものとせられた(九月七日勅令四〇四號、九月二七日勅令四二九號)。卽ち震災のために公證人役場その他の機關に障害を生じたから、權利保存の期間を延長してその救濟を計つたのである。その延長期間も初めの勅令(第四〇四號)では三十日であつたが、後の勅令(第四二九號)で更に之を延長して六十日としたのである。又これと同時に大正十二年十月一日より同月三十一日までの間に、前記震災地區においで權利保存のために爲すべき行爲は、各の法定時期より三十日內に爲せば、その效力を保有するものとせられた。例へば、九月五日が滿期日になつてゐる手形について、拒絕證書の作成は普通ならば滿期日後二日內に卽ち九月七日までになせばよいのであり(商法四八七條)、また償還請求の通知は普通ならば遲くとも九月九日までにしなければならなかつた。ところで、今度の勅令で拒絕證書の作成は九月七日より六十日間延長されて、十一月六日までになせばよいことになつた。そこで實際において例へば十月二十二日に拒絕證書を作成した場合において、その償還請求の通知は何時までにすればよいか。拒絕證書を作成した後二日卽ち十月二十四日を標準として三十日間延長され十一月二十三日までにその通知をなすべきか、又は前に述べた九月九日を標準として六十日間延長され十一月八日までにその通知をなすべきか。言葉をかへれば、拒絕證書の作成について既に一回勅令の保護をうけ更に重ねて償還請求の通知についても保護をうくべきか、又は償還請求の通知については一回だけ勅令の保護をうくべきか。これは本勅令の適用上生ずる一つの疑問であつて、法文の字句の上からは寧ろ前者に解すべきやうでもあるが、同一所持人に對し二度の保護を與ふべきことは不合理であるから私は後者の解釋を正當と見る。従つて前例についていへば、十一月八日までに償還請求の通知をなすべきである。もう一つ例をあげやう。十月十日が滿期日の手形は、普通ならば遲くとも、拒絶證書は十月十二日までに作成すべく、償還請求の通知は十月十四日までになすべきであるが、勅令で前者は十一月十一日まで、後者は十一月十三日まで延長されることになる。従つてその所持人が實際において十月二十九日に拒絶證書を作成しても償還請求通知の期限は十一月三十日まで延長されるやうなこともなく、又十一月一日に拒絶證書が作成されても同月三日までに償還請求の通知をなさねばならぬといふことはない。要するに、拒絶證書の作成についても、償還請求の通知についても、手形の滿期日を標準として普通の場合に遲くともそれ等の行爲をなすべき法定の時期が九月中にあるか十月中にあるかによつて、それぞれ一回だけ六十日又は三十日の延長をうけるものと解すべきである。

なほ拒絶證書の作成は法律上公證人又は執達吏がこれに當ることになつてゐるが（商法五一四條）、公證人の中には多數の罹災者があつてその役場の復舊完成には相當の時期を要する譯であるから、却つて震災のため差押事件の激減によつて仕事の閑散な執達吏をして之に當らしむる方が便利であらう。又償還請求の通知は從來通常內容證明郵便を以てなされてゐたが、この手續に依ることの出來ぬ場合には、執達吏にその通知を送達して貰ふのが後日に對して確證を殘すためによい。

一三　產業上の權利利益の保護

產業上の權利利益の保護については、今回の震災に當り特に勅令が發せられた。それは存續期間の延長及び手續懈怠の免除に關するものである（勅令四一二號、四一五號、四四二號、四七三號）。

一　存續期間の延長　『震災地の行政廳』卽ち農商務大臣、內務大臣、遞信大臣、鐵道大臣、特許局長官、東京鑛務署長、東京遞信局長、橫濱及浦賀所在の管海官廳、東京府知事、神奈川縣知事、埼玉縣知事、千葉縣知事、靜岡縣知事の權限に屬する震災前（卽ち大正十二年九月一日以前）に爲された處分に基く權利利益の存續期間が、大正十二年九月一日より大正十三年三月三十日までの間に滿了すべき場合には、總て之を大正十三年三月三十一日に滿了するものと看做したさうして、茲にいふ『權利利益』は勅令で限定せられてゐるのであつて、次に列擧するものが之に當るのである。

(イ)試掘權、(ロ)漁業權、(ハ)特許權、(ニ)商標權、(ホ)工業所有權戰時法に依り發生したる專用權、(ヘ)取引所營業、(ト)許可漁業、(チ)度量衡器の製作、修覆又は販賣の營業、(リ)度量衡器の檢定の效力、(ヌ)種牡牛檢査の效力、(ル)共同狩獵地の免許の效力、(ヲ)私設の電信、電話又は無線電話の施設に關する許可の效力、(ワ)電氣事業の經營施設に關する許可又は認可の效力、(カ)發電水力使用許可の效力、(ヨ)電氣計器檢定の效力、(タ)船燈信號器救命具の製造免許の效力、(レ)船員職業紹介法に基く職業紹介事業繼續許可の效力、(ソ)大正十年勅令第二百三十九號第一條第四號に規定する遞信大臣の認許及び同令第二條又は第五條に規定する管海官廳の承認の效力、(ツ)軌道條例及び明治四十一年勅令第二百六十六號第一條の規定に依る特許及び許可の效力

尙試掘權については期間延長に伴ひ納付すべき試掘鑛區稅は大正十二年十二月に納付すべきものとせられた。

けれども、この存續期間延長に對しては二つの例外がある。一つはこの勅

令の施行の前又は後に法令に依りその權利利益の消滅すべき旨の指令、その更新を許さざる旨の指令、その他存續期間の滿了に關する特別の指令ありたる場合であり、他の一つはこの延長せられた期間が行政處分により短縮せられた場合である。

二　手續懈怠の免除　震災のため大正十二年九月一日より同年十月三十日までの間に行政廳に對して爲すべき出願、請求その他の手續を懈怠した者が、同年十月三十一日までにその手續を爲した場合には當該行政廳はその懈怠の結果を免れしむることを得るものとして便宜を計つた。茲にいふ行政廳は前項における如き特定の行政廳のみに限定せらるるのではなく、廣く一般に總ての行政廳を意味する。その所在が震災地にあるとその以外にあるとを問はない。また行政廳に對して爲すべき出願請求等も、前項に述べた權利利益に限らるることなく廣く總てのものを含んでゐる（尙三五參照）。

一四　金錢債務の支拂猶豫（モラトリウム）

今回の震災によつて金融の道が俄かに絶え、經濟界の混亂を來すの危險があつた。そこで、政府は手形金、預金、貸金、賣掛代金、家賃、地代その他の金錢債務につき、債權者の取立てを一時延期せしめ、その間に債務者をして支拂の道を講ぜしむることの緊要なことを認めて、各債務の辨濟期から三十日間づゝの支拂の延期を勅令（四〇四號）を以て定め、金融の圓滑を計つたのである。これを一般に支拂猶豫 Zahlungsaufschub) 又はモラトリウム (Moratorium) と呼んでゐる。この勅令の適用を受けて、支拂が延期せらるゝ債務たるためには、次のやうな五つの要件を全部備へてゐなければならない。

（一）私法上の債務たること　それ故、公法上の金錢債務にはこの支拂延期令の適用は無い。

（二）その債務者の住所か營業所が東京府、神奈川縣、靜岡縣、埼玉縣又は千

葉縣にあること　この支拂延期令の趣旨は震災地の債務者を保護するにあるから、上記の震災地域外に住所や營業所をもつてゐる債務者にはその保護は及ばない。又債務者が上記の震災地域內に住所か營業所をもつてゐても、その地域外にもまた他の營業所をもつてゐる場合には、その震災地外の營業所の取引關係から生じた金錢債務については、同樣に支拂延期の保護は無い。

(三)債務が大正十二年九月一日以前に發生したこと　震災後卽ち九月二日以後に發生した金錢債務については、支拂猶豫の保護は無い。震災當日卽ち九月一日に發生したものは勿論この保護を受ける。

(四)大正十二年九月一日(九月一日を含む)から同年同月三十日迄の間に支拂を爲すべき債務たること　それ故八月三十一日以前に既に辨濟期が到來してゐた債務や、十月一日以後に辨濟期の到來する債務については、支拂猶豫の保護は無い。

（五）　金錢債務卽ち金錢の支拂を目的とする債務たること　金錢以外の物件を交付すべき非金錢債務についてはこの勅令の保護は無い。

以上五つの要件を備へた金錢債務は原則として、支拂延期を受けるのであるが、これに對しては次のやうな四つの例外の場合が設けられてゐる。

（イ）國、府、縣その他の公共團體の債務の支拂

（ロ）給料及び勞銀の支拂

（ハ）給料及び勞銀の支拂のためにする銀行預金の支拂

（ニ）一日百圓以下の銀行預金の支拂

これら例外の場合においては、國民の日常生活に直接の支障を來さざらしむるが爲に支拂猶豫を認めなかつたのである。

さうして、この支拂猶豫の期間内は、債務者においてその辨濟をしなくてもいゝのであるから、履行を怠つたものといふことは出來ない。從つてこの猶豫期間については、債務者は別段遲延利息を支拂ふ義務は無いと云はねばな

らぬ。が、しかし金錢債務につき利息の約定がある場合においては、その約定利息は猶豫期間内と雖も支拂をせねばならぬ。又手形についてはその所持人が償還の請求を爲すことを得る滿期日以後の法定利息(商法四九一條)は、支拂呈示の有無及びその日時に關係なきものであつて、法律上の利息(Legalzinsen)ではあるが遲延利息(Verzugszinsen)ではない。それ故手形金については支拂猶豫期間内と雖も年六分の法定利息の請求が出來るわけである。

この支拂延期令において『三十日間其ノ支拂ヲ延期ス』といつてゐる意味は、債務の辨濟期そのものを該勅令の力を以て三十日後に延期し之を變更したものと解すべきか、又は別段辨濟期を變更するのではなく單に支拂のために債務者に對し或る期間を許與(Fristgewährung)したものと解すべきかは、法文上多少の疑があるけれども、私はこの立法の趣旨に考へ勿論後の意味に解すべきものと思ふ。この期間の許與は丁度債權者が債務者に對して與ふる單なる支拂の猶豫(Stundung)と同樣な法律上の效力を有することになる。從つて利息附債權の場合においても、債務者はこの猶豫期間滿了前に支拂をなすことによつて、利息の負擔を免れることが出來る（民法一三六條）。又手形についてては滿期日に變動を生ぜないから、手形面の支拂期日を標準として支拂の呈示や拒絶書の作成をなすべきであり且つ前述の如く滿期日以後の法定利息を請求することが出來る。さうしてこの支拂延期の法律上の效力は、その期間内においては不履行の效果を發生せざらしむるものである。それ故、債權者は債務者の遲滯を理由として、契約を解除したり、又は違約金若くは遲延利息を請求したりすることを得ないのである。

次に、支拂延期令が將來消滅時效の完成について如何なる影響を及ぼすかといふに、消滅時效の期間は各金錢債務の辨濟期を起算點とせず、猶豫期間滿了の時期を標準として計算すべきものである。なぜならば猶豫期間の間といふものは債權者はその債權を行使することを得ない狀態におかれてゐるからである（民法一六六條）。

支拂延期令は一般に非金錢債務には適用ないのであるが、金錢債務に對立してゐる雙務契約上の非金錢債務例へば賣買の目的物を引渡すべき義務を負ふてゐる者は、同時履行の抗辯權を失ふことはないといはねばならぬ。法文を形式的に見れば、金錢債務については支拂が延期され、非金錢債務については延期がないから、雙務契約上のこの二つの債務の辨濟期が異ることとなり、從つて非金錢債務を負ふ者は同時履行の抗辯權を失ふやうに考へられるのであるが、支拂延期令は單に支拂を猶豫することによつて消極的にその債務者を保護するのが目的であつてそのために相手方に同時履行の抗辯權を失はしめ獨り自ら先きに非金錢債務の辨濟を請求することを得る積極的の利益を與ふる趣旨を有するものと解することは出來ないのである(民法五三三條)。

一五　暴利取締令

震災後物資の供給を潤澤ならしむるために、一方において非常徴發や、輸入税の減免や、臨時物資供給等に關する緊急勅令(三九六號、四一一號、四二一號)が續々公布されたのであるが、なほ物資の經濟的分配が公正に行はれることを保障し、奸商が不當の利益を貪るのを防止するために、九月七日緊急勅令(四〇五號)を以て謂ゆる暴利取締令が公布せらるゝに至つた。これによれば、震災に際し暴利を得るの目的を以て、生活必需品の買占めや賣惜しみをなし、又は不當の價格でその販賣をなした者に對しては、三年以下の懲役か又は三千圓以下の罰金に處せらるゝことになつた。この暴利罪の成立するには、次の各要件を備へることを必要とする。

一　その行爲は、買占か、賣惜しみか、又は不當の値段で販賣するかの何れかに當ることを要する。從つてこの以外の行爲は暴利罪とはならぬ。どれだけ以上の儲を不當の値段といふべきかは、時價と常識とで決すべき問題である。

二　目的物は生活必需品たることを要する。この暴利取締令の適用をうける生活必需品の品目については、九月七日農商務省令を以て次のやうなものが指定發表された。

(イ)食料品、(ロ)炊爨具及び食器、(ハ)薪、炭、油、その他の燃料及び照明用品、(ニ)船車その他の運搬具及び之に使用する消耗品、(ホ)建築材料(莚、疊、建具及び家具を含む)及び建築用具、(ヘ)藥品その他の衛生材料、(ト)綿、毛、綿毛糸、綿毛布及びその製品、(チ)紙類、(リ)梱包用材料、(ヌ)履物、雨具及び掃除用品、(ル)筆墨その他の文房具。

三　この犯罪行爲は震災に際し暴利を得る目的を以てなされたことを要する。それ故、かゝる目的がない場合には暴利罪を構成しないのである。暴利罪では實際問題としてこの目的の有無が一番問題となろう。

かくて、震災以來連日多くの暴利商人はこの勅令によつて罰金刑に處せられ、その額は既に數十萬圓に達したと傳へられてゐる。

一六　治安維持令

震災後の混亂した秩序を維持するために、九月二日戒嚴令が施行されたことは、本書の初めに述べた通りであるが、その後流言蜚語が盛んに宣傳流布された。そこで九月七日緊急勅令(三四〇號)を以て治安維持に關する罰則が公布せられた。謂ゆる治安維持令がそれである。その規定によれば、出版、通信、その他何等の方法を以てするを問はず、(一)暴行、騷擾、その他生命、身體若くは財産に危害を及ぼすやうな犯罪を煽動した者、(二)安寧秩序を紊亂するの目的を以て治安を害する事項を流布した者、(三)又は人心を惑亂するの目的を以て流言浮說を爲した者に對しては、その罪狀の輕重により十年以下の懲役若くは禁錮に處し又は三千圓以下の罰金に處することになつた。これは固より非常時の非常立法であるが、その刑罰の程度は刑法等の規定と比較して見れば、あまりに重きに過ぐる嫌があるやうに思はれる。

一七　租税の徴收猶豫とその減免

今回の震災に當り、震災地において大正十二年度に納付すべき地租、第一種所得税、第三種所得税、營業税及び相續税については、その徴收を猶豫し、又震災被害者の納付すべき大正十二年分の第三種所得税及び營業税については、各納税者の被害の狀況に應じて、或は全部の免除をなし、或は輕減をなすことが、勅令によつて定められた(勅令四一〇號 同四三三號)。この勅令で『震災地』といふは東京府(西多摩郡及小笠原島を除く)、神奈川縣、埼玉縣(秩父郡、兒玉郡及大里郡を除く)、千葉縣千葉市、千葉郡、市原郡、東葛飾郡、君津郡、安房郡、山梨縣中巨摩郡花輪村、東八代郡富士見村、南巨摩郡鰍澤町、南都留郡明見村、中野村、忍野村、靜岡縣沼津市、田方郡、駿東郡、賀茂郡を指し、又『震災被害者』といふは、その住所、居住又は納税地等が震災地內にあると否とを問はず、大正十二年九月一日の震災(これに伴ふ火災や海嘯をも含む)によつて損害をうけた者を意味するのである。その損害が火災によると、倒潰によると、土砂崩壞によると、堤防の決潰によるとを問はない。又九月一日におきた火災のために二日以後に類燒した場合の損害や九月二日以後の餘震による損害もまたその中に含まれる。

一　地租、第一種所得税、第三種所得税、營業税、相續税の徵收猶豫

この徵收猶豫は一定の地域を限つてその地域內の納税者の總てに對して之を爲すのであつて震災被害者たると否とを問はないのである。その地域は被害の狀況、金融關係、市町村の事務の現況等を參酌して前述の如き地域を以て震災地を定められた。この震災地において納付すべき是等の諸税は、(イ)納付未濟の狀にあるもの及び大正十二年十月三十一日までに納期の到來するものについては差し當りその徵收を猶豫し、大正十二年十一月以後においては大藏大臣がその納期を定むることとし、(ロ)大正十二年十一月一日以後に納期の到來するものについては、大藏大臣の定むる所によりその徵收を猶豫するものとした。尙この徵收猶豫に就ては種々複雜な關係があるから、其詳細

は追つて大藏省令等を以て規定せらるゝことになる（十月三十一日公布大藏省令二六號）。又震災地と指定された以外の町村における被害者は、この勅令の適用をうける譯にはいかぬが、別に國稅徵收法（七條）によつて徵收の猶豫をうける道がある。

二　第三種所得稅の減免

徵收猶豫は、前記の如き一定の震災地域内の納稅者に對してのみこれを爲すのであるが、減免稅については、納稅者の住所居住がいづこにあるを問はず苟くも震災によつて財產の滅失、毀損又は收入の減少等の損害を受けた者は、所得金額の大小や被害の程度に依つて、次の如くそれぞれ納稅の免除又は輕減を受けることになつた。

（一）免除　自己（同居の戶主又は家族を含む以下同じ）の所有にかゝる住宅又は家財の過半が、震災に因り滅失し又はその用を爲さざるに至つた震災被害者は、政府の決定した所得金額（この金額不明となつたものは所得調査委員會に諮問して確定した額）が一萬圓以下の場合においては、大正十二年分第三種の所得に對しては、所得稅全部の免除をうけるо 家財といふ中には衣服、寢具、炊事用具、箪笥、長持その他の什器、疊、建具を含むは勿論、指環、懷中時計、その他の裝身用品、圖書、額、掛軸、床の置物等の日常生活に必要な家具品全部を含む。 けれども現金や、有價證券や趣味用の美術品、骨董品、貴金屬類は家財といふ譯にいかぬものである。 自己所有といふのは所有名義が誰になつてゐてもその實質が自己のものであれば差支へない。

（二） 輕減　前記によつて免除を受くることを得ない震災被害者卽ち所得金額一萬圓以下にして住宅又は家財の損失が過半に達せざる者や所得金額一萬圓を超ゆる者に對する大正十二年分第三種所得稅の輕減は、被害物件の種類やその被害の程度如何によつて、次の如くそれぞれその割合が定められてゐる。 卽ち政府の決定した所得金額（この金額不明となつたものは調査委員會に諮問して確定した額）中より夫々左の金額を差引き殘額がなければ所得稅は全部免除せらるゝこととなり、又殘額があればその殘額について所得稅法第二十三條を適用して所得稅を定めることになる。若し殘額が八百圓未滿ならば免稅となる譯である。尙同一人が山林所得と山林以外の所得とを有する場合においては、その差引きは先づ山林以外の所得につきてこれを爲し不足あるときは山林の所得に及ぶ順序である。

（1）所得稅法第十四條第一項六號の所得の基因たる自己所有の家屋その他の築造物、船舶、機械、器具、商品、原料品等が、震災により滅失又は毀損したる場合には、その損害の見積金額を政府の決定した所得金額から差引くことになる。商品や原料品等については、まだ受渡しが濟まぬ前のものでも、又は倉庫業者や運送人に託してあつたものでも、その所有權が自分にあれば、自己のものといはれる。自己所有といふ意味は必ずしも自己名義になつてゐなくともよいので、その實質が自己のものであればよい。損害見積金とは前に列記した物件の滅失又は毀損の直接の損害の見積をいふのであつて、その損害によつて生ずる間接の損害例へば家屋や機械の修繕費、會社の被害による所有株式の値下り、得意先の被害による賣掛代金の取立不能の如きものは、その中に含まれない。同様に營業上の現金、預金、有價證券の滅失による損害金額は含まれない。又損害の見積方法は震災當時の現狀に於ける時價を標準として定めらるべきものである。被害物件について保險金その他の損害塡補を得れば、その額は損害見積額から差引くべきである。『所得の基因たる』といふのは必ずしも所得金額算出の基本となつた物件のみではなく、例へば營業者の營業所、醫者、辯護士等の事務所、病院、及びその附屬の器具機械等をも含むのである。又震災被害者が所得の基因たる自己所有の家屋に住居してゐた場合には玆に述ぶる(1)の割引き方法に依るか、又は後述(2)の割引方法に依るかは、本人の自由選擇に委されてゐるから、納稅者は何れでも計算上有利になる一方を擇べばよい。

(2) 自己の所有にかゝるその住宅又は家財が、震災により滅失又は毀損した場合には、その被害の程度の大小により、次の金額を政府の決定した所得金額から差引くことになる。尚ほ同居者一人毎の差引金額は各の所得金額に按分して計算せらるゝ。また家財の意味や自己所有といふ意味は先きに免除のところで述べたのと同じい。さうして被害の程度は金額を標準として計算すべきものであつて、物の數量を標準とするのではない。

（甲）被害激甚の場合　住宅又は家財の過半が滅失し又はその用をなさゞるに至つたとき、例へば丸焼け又は丸潰の如き場合は、所得金額中最初の一萬圓まではその全部を差引き、一萬圓を超え二萬圓以下の金額についてはその八割を差引き、二萬圓を超え五萬圓以下の金額についてはその六割を差引き、五萬圓を超え十萬圓以下の金額についてはその四割を差引き最後に十萬圓を超ゆる金額についてはその二割を差引くことになる。それ故、例へば所得四萬圓の者は最初の一萬圓については全部を差引き、次の一萬圓についてはその八割を差引き殘り二千圓となり、最後の二萬圓についてはその六割を差引き殘り八千圓となり、結局合計一萬圓の所得と看做して課税される譯である。

（乙）　被害著しき場合　　住宅又は家財の損害が、前述の（甲）の程度には達しないけれども、その損害が著しいときには、所得金額中最初の一萬圓まではその五割を差引き、一萬圓を超え二萬圓以下の金額についてはその三割を差引き、二萬圓を超え五萬圓以下の金額についてはその二割を差引き、最後に五萬圓を超ゆる金額についてはその一割を差引くことになる。

（丙）　被害輕微の場合　　住宅又は家財の損害が、前述の（乙）の程度にも達せざるときは、所得金額中最初の一萬圓まではその二割を差引き、一萬圓を超え五萬圓以下の金額についてはその一割を差引き、最後に五萬圓を超える金額については何等の差引をしないことになる。

（3）　前述の（1）又は（2）の適用をうくる者が、所得稅法第十四條第一項一號又は六號の所得につき、震災の影響により營業が出來なくなり又は職業を失つて九月一日以後十二月末日迄の收入の全部又は大部分を得ること能はざるに至つたときは、それぞれ（1）又は（2）の割引の外、なほ當該所得の三分の一に相當する金額を差引くことになる。

三　營業稅の減免及び拂戻

營業稅も第三種所得稅と同じく震災被害者であるならば其住居が震災地域內にあると否とを問はず減免をうけ得る。

（一）　免除及び拂戻　營業稅の大正十二年度第一期分は既に六月に納入濟で第二期分は十一月に納入のことになつてゐたのであるが、（イ）營業用の家屋その他の築造物、船舶、機械、器具等（自己所有たると否とを問はず）の固定資本の全部若くは大部分、（ロ）又は商品及び原料品の全部若くは大部分が、震災により滅失し又はその用を爲さざるに至つたときは、震災被害者は第二期分の免除をうける。又震災のために利益が全然なくなれば第二期分及び第一期分の免除をうけ既に納入した第一期分については營業税法第二十九條によりその拂戻しをうけることが出來る。

（二）輕減　固定資本又は運轉資本の大部分を失はない營業者でも、震災の爲めに營業の利益が減少した場合には營業税法第二十九條により第二期分の輕減をうける。

而して前述の如く營業税法第二十九條の適用に依り減免するに當り營業利益を計算する場合においては、通常ならば控除すべきでないところの營業用の自己所有の家屋その他の築造物、船舶機械器具等が震災により滅失又は毀損したる損害の見積金額を、營業上必要なる經費と看做して之を差引くべきものとした。

四　減免の申請期

上述するところにより第三種所得税又は營業税の免除又は輕減をうけん

とする者は、被害の狀況及び損害見積金額を記載した減免の申請書を大正十三年一月三十一日迄に所轄稅務署に差出すべきものとされた。かくの如き當事者の申請なくとも、震火當時納稅地が震災地にあつた納稅者の被害の事實が顯著なものについては、政府の認定で減免を爲すことが出來るやうになつてゐる。しかし當事者が確實に減免を得んとするには、期間內にその申請をなすことが大切である。

五　減免の處分に對する不服

減免の處分に對して不服ある者は、訴願又は行政訴訟によつて救濟をうけることが出來る。

一八　株券の焼失した場合

株券が焼失しても、株主權そのものは消滅するもので無い。　記名式の株券が焼失した場合であれば、最近の株主總會の報告書その他のもので自分が株主たることを證明して會社に對し株券の再交付を請求すればよい。　併し無記名式の株券が焼失した場合であれば、その燒殼の文字がまだ判明してゐるやうなときには、それをもつて會社に對し株券の再交付を請求することが出來るのは勿論であるが、燒失してしまつて灰となり全く形骸をも止めざるに至つたやうなときには、管轄區裁判所に對し公示催告の申立といふ手續をなし一定の期間内に別段異議を申出る者がなければ除權判決を得た上て、株券の再交付その他の株主權の行使が出來るやうになる（民法施行法五七條民事訴訟法七六四條以下）なほ經濟界實際上の取扱ひとして記名株式と無記名株式との中間に位してゐる謂ゆる白紙委任狀附記名株式の場合において、その白紙委任狀か株券の何れかを燒失し又はその雙方を燒失したときは、その所有者は記名株主の如く直ちに會社に對して株劵の再交付を請求することも出來ないし、さればとて無記名株主の如く公示催告によつて自己の權利を保全し直接會社に對し權利を主張することも出來ない。結局は白紙委任狀附株劵の名義人(卽ち讓渡人)に對して完全な株式名義書換手續の履行を請求して自ら株主となるの外はなからう。名義人たる株式讓渡人が任意にこの義務を履行してくれない場合には、その所有者は訴訟を起し勝訴の判決を得れば、會社に對しその株式を自分の名義に書換へしめることが出來る。さりながら、白紙委任狀附記名株式は甲から乙、乙から丙丙から丁、といふやうに順次輾轉として取引される慣例をもつてゐるから、その燒失の場合には實際上は種々の複雜な問題を伴ふてあらう。

一九　手形、社債、倉庫證券、公債等の有價證券を燒失した場合

爲替手形、約束手形、小切手、地方債證券、社債券、貨物引換證、倉庫證券、船荷證券、商品切手、國債證券等の有價證券を燒失した場合においては、まだその燒殼によつて文字が判明してゐるときには、それを以て證明を立て代りの證券を引きかへしむることが出來るのであるが、全く燒失してしまつて形骸をも止めざるに至つたときはどうすればよいか。かゝる場合には、國債證券やその利札を除く他の有價證券については管轄區裁判所に對し公示催告の申立をなし除權判決によりその證券の無效の宣言を得る必要がある。かゝる手續を履めば、公示催告の申立人は、その證券によつて義務を負擔する者に對して、證券上の權利を主張することが出來るのである。

しかし、公示催告を申立ててから證書無效宣言の除權判決を得るまでには、

法律の規定上どうしても六箇月以上かゝるから、この間に證券の目的物が滅失したり又は債務者が破産したりするやうなおそれがないとも限らない。それでかやうな場合には公示催告の申立人は、(イ)債務者をしてその目的物を供託せしむることも出來るし、(ロ)或はまた自ら相當の擔保を供して債務者に證券面通りの債務を履行せしむることも出來るのである(民法施行法五七條、商法二八一條、民事訴訟法七七七條以下)。

なほ國債證券及びその利札を滅失した場合においては公示催告の方法によることが出來ないのであつて、記名國債證券又はその利札の滅失については、記名者から所管取扱銀行に證券の種類、番號、額面の屆出をなせば三箇月經過の後には代證券又は代利札の交付を請求することが出來る。又無記名國債證券又はその利札の滅失については、所持人は相當な擔保を提供し又は確實な保證人を立てれば、その元金の償還又は利子の支拂を請求することが出來る(明治三十九年法律第三十四號五條、六條、八條)。

二〇　銀行預金通帳や印形を燒失した場合

預金通帳や印形が燒けても、預金の權利そのものには影響が無い。證人、銀行帳簿その他の方法で預金のある事實さへ證明がつけば、裁判上その權利を實行するにも、何等差支へはない譯である。

二一　公正證書を燒失した場合

公證役場で作成した公正證書の正本又は謄本が燒失した場合には、その公證役場に原本さへあれば、更に正本又は謄本の交付を受けることが出來るのはいふをまたない。しかし、更に執行文の附與を受けるについては、その公證人が職務上の住所を有する地を管轄する區裁判所の許可を得た上で、公證人から交付を受くべきものである。次に、公證役場も火災にかゝり、公正證書の原本までが燒失した場合には、幸にその公正證書の正本又は謄本を所持してゐる者は、公證役場に行つて更に別の正本又は謄本の附與を受けることが出來る。若し正本又は謄本の何れをも所持してゐない場合には、公正證書原本回復の方法は無いのである。けれども、公正證書が燒けてもその本體たる權利そのものが消滅する譯のものでは無いから、不動産登記簿その他公の帳簿にその權利の記入がしてある場合は勿論、その他何等かの方法で權利の存在する證明さへつくならば、その權利の實行には差支へがないといつてよい。

二二　質入物の焼失した場合

震災によつて多くの質屋が火災にかゝり澤山の質物は焼失してしまつたのであるが、この場合に質置人は質屋に對して、その損害の賠償を請求することが出來るかといふに、質屋は質物については、謂ゆる善良なる管理者の注意即ち通常人の注意を以て、保管の責に任ずるものであるから、今回のやうな、大震災に當り質物を焼失したのは、多くの場合においては、不可抗力による已むを得ないところであつて、質屋に過失はないてあらう。それ故、質屋はその焼失に對して賠償の責任を負はないて濟むことになる(民法四〇〇條、四一五條)。

しかし、これとは全く別に觀察しなければならぬ場合がある。それは實際震災前に山の手方面の質屋の多くは、下町方面に親質屋を有つて居り質物の轉質によりて金融の便宜をはかつてゐたのであるが、今回の震災てその親質屋が火災にかゝりその質物が焼失した事例が甚だ多いのである。かゝる場合においても質置人はその子質屋に對して質物燒失による損害の賠償をなすことが出來ないであらうか。

子質屋は固よりその質權が存續する期間内においては、その質物を轉質となすことが出來るけれども、それは質屋が自分の責任を以てなすのであつて、轉質の場合においては、原則として不可抗力による損害に對しても亦その賠償の責を負はねばならぬ。たゞ轉質をなさなかつたとしても、子質屋の家も亦火災にかゝつてどうせ質物が燒失してしまつたやうな場合においてのみ、その責任を免がれることになるのである。言葉をかへていへば、子質屋も親質屋も共に燒けた場合には、子質屋は賠償の責を負はぬが、親質屋のみが燒け子質屋が燒けなかつた場合には、子質屋は質置人に對して損害を賠償しなければならぬことになる（民法三四八條）。

二三　株主名簿の燒失した場合

株式會社は商法上株主名簿を備へなければならない。

記名株式の移轉については、取得者の氏名住所をその株主名簿に記載することを以て、會社その他の第三者に對抗する要件の一つとせられてゐるばかりでなく、會社から株主に對する通知や催告は、この株主名簿に記載されてゐる株主の住所又はその者が會社に通知した住所に宛てるを以て足るものとされてゐる(商法一五〇條一七二條ノ二)。それ故、株主名簿は株式會社にとつて一日も缺くべからざる重要な帳簿で、丁度登記所の登記簿にも匹敵すべき程のものである。かゝる株主名簿を燒失した會社の株式が、株式取引所における建株であるやうな場合には、殆んど取引不可能の狀態に立ち到るであらう。又その會社が株主總會を招集するにあたつても、株主の氏名住所等が不明であるために招集の手續上非常に困難を來すのみならず、折角總會で決議をしても招集手續の缺點のために後になつて決議無效の訴へを提起せらるゝやうな破目に陷ることもまた少くないであらう。だから株式會社は一日も早くこの株主名簿の回復を計らねばならぬが、その復舊方法については、商法に特別の規定がないのであるから、取締役は臨機の處置として、或は前營業年度の報告書にある株主表を根據として株主移動の經過を調査し、或は新聞廣告により株主に屆出を促すこと等によつて、着々その復舊をはかるの外はあるまい。けれども、或る一定期間内に株主が屆出をなさないことを理由として、その株主の權利を失はしむるやうなことは、將來特別の立法でもなされない限り、現行の商法上においては絕對に許されざるところである。しかし實際から考へると、現行法のまゝでは永く株主名簿の回復が困難乃至不可能であらうから、何とかその救濟の立法をなして株式會社活動の基礎を安定せしむることが差當り必要となつた。

そこて緊急勅令を以て、今回の震災に因り株主名簿を喪失した株式會社及び株式合資會社において名義人不明の記名株式がある場合においては、會社は、その旨を定款に定めた公告方法に依り公告すべきものとされた。さうしてこの場合においてはその株式は株主總會及び優先株主の總會に關する規定の適用については、無記名株式と看做して同樣の取扱をすることとなつた(勅令第四百七十一號)。卽ちかゝる不明の記名株主に對しては一々總會の通知を發せずとも、その會社に名義人不明の株式ある旨及び總會を開くべき旨竝に總會の目的たる事項の公告をなせば、適法なる總會招集があつたことになり、又かかる記名株主が總會において株主權を行使せんとするには無記名株主と同樣に會日より一週間前にその株券を會社に供託しなければならぬ(商法一五五條ノ二、一五六條、一六一條、二一二條)。株券を供託しない者は、定款變更の決議については之を總株主の員數に算入しない。又假決議をした場合には、不明の株主の爲にその趣旨を公告せねばならぬ(商法二〇九條)。しかし總會以外の點については商法の規定する通り記名株式と無記名株式とを區別して取扱ふべきことはいふを俟たぬ。

二四　會社その他の法人の損害と破産猶豫

今回の震災によつて、大きな損害を被つた會社も甚だ多いことであらう。そこで、會社の財産が滅失したり、又はその價格が低落したやうな場合においても、會社の財産目錄には、動産、不動産、株式、債權その他の財産について、その時價以上に見積ることを許されてゐないから(商法二六條)、實際において貸借對照表に現はれて來べき會社の資産狀態は、甚だ不良のものとならざるを得ない。それ故、震災のために損害を受け、會社の財産を以てしては會社の債務を完濟することと能はざるの狀態に立ち到つたものも少くないに違ひない。かゝる場合には、株式會社においてはその取締役又は淸算人、淸算中の合名會社又は合資會社においてはその淸算人は、直ちに破産裁判所に對して、破産宣告の申立をなすことを要する(民法八一條、商法九一條四項、一七四條、二三四條、破産法一二七條)。

若しこの義務に違反した取締役や淸算人に對しては、商法上過料の制裁が定められてゐる（商法二六二條六號）。

これと同樣に、民法上の法人や產業組合や相互保險會社についても、その法人の財產を以てその債務を完濟することが出來なくなつたときは、その理事者又は清算人は破產宣告の申立をなすことを要する。この場合にも、その申立義務を怠つた理事者や清算人は過料の制裁に處せらるるのである（民法七〇條、八一條、八四條五號、產業組合法六九條、七五條、九三條ノ二第八號、保險業法五三條、八二條、一〇〇條四號）。

そして裁判所は、法人の資產狀態がその財產を以て債務を完濟すること能はざる場合卽ち「債務超過」(Überschuldung) の場合においては、理事取締等の申立により破產の宣告をなすことが出來るのみでなく（破產法一二六條、一二七條）民法上の法人や產業組合については裁判所は理事者の申立がなくとも自ら職權を以て破產の宣告を爲すことが出來るのである（民法七〇條、產業組合法六九條）。

かゝる現行法の下においては、震災のために損害を被つた多數の法人は、今や危くも破產宣告の斷頭臺上に曝されてゐる有樣である。けれども震災による債務超過は全く一時的の現象であつて相當の年月だに經れば容易に復舊し得るものが甚だ尠くない。しかるに若し之に對し平時の常規たる現行法を以て臨めば、破産會社の續出を生じ、延いては一般經濟界の混亂を來たす虞がある。そこでこの際法人の破産を調節するために新勅令が發布された(第四七五號十二月十二日公布)それは破産宣告の猶豫と破産申立義務の免除とに關するものである。

一　破産宣告の猶豫については、九月一日以後において債務超過に陷つた法人に對しては、裁判所は大正十四年八月三十一日までの間破産宣告をなすことを得ない。しかしこの原則に對しては次のやうな三つの例外がある。

(イ)　この勅令は單に「債務超過」を原因とする破産宣告を制限するのみであつて、「支拂不能」の狀態にある法人については何時でも破産の宣告が出來る。又法人が「支拂停止」をした場合は支拂不能と推定せられ破産の宣告をうけることになる(破産法一二六條)。そして實際の取扱においては債務超過を原因として法人に對し破產を宣告した例は從來殆んどないのであるから、この勅令の有無は實際的には大した影響はなからう。

（ロ）解散後清算中の法人については、何時でも破產の宣告が出來る。

（ハ）今度の震災の影響によらずして他の原因で債務超過に陷つたことが明白なる法人については、何時でも破產の宣告が出來る。

二　破產申立義務の免除については、九月一日以後において債務超過に陷つた法人の理事取締役等は大正十四年八月三十一日までの間は破產の申立をなすことを要しないものとされた。けれども我國の實際において申立に因る自己破產は從來極めて稀有の現象であつて、この勅令の發布は唯理事者に安意を與へたに過ぎない。この原則に對しては、次の二つの例外がある。

（イ）清算中の法人の清算人は破產申立の義務を免除されない。

（ロ）今度の震災の影響によらずして債務超過に陷つた法人の理事取締役等は破產申立義務を免除されない。

二五　會社の損害と株主の警戒

震災によつて株式會社が、その資本の半額以上を失つた場合には、商法上取締役は、遅滯なく臨時株主總會を招集して、その報告をなすことを要する（商法一七四條）。又損害の程度がそれ程で無くとも、取締役は臨時總會を招集して、株主に被害の報告をなすことが取締役の責任を全うする所以であり、且つ實際においてもまた多くその例を見るであらう。かゝる株主總會においては、株主として特に注意せねばならぬことがある。それは、會社の重役中には殊更にその損害を過大に見積つて、その損害の負擔を株主に轉嫁したり、從來の積立金を不當に流用したり、又は機械器具等を使用に堪へないとして他に賣却しその間に不當の利益を占める樣な虞もあり、又重役の不正行爲によつて震災前に生じた損害をも、この際震災被害にことよせてその穴埋めをせんとするやうな者も少くは無いであらう。それ故、株主は總會においてたゞ取締役等の報告を鵜呑に信頼するのみでなく、自ら進んで檢查役を設けるなりその他の方法で、會社の實際上の被害の程度等を充分よく調査した上で決議をする必要があると思ふ（商法一九八條）。

二六　株式會社の整理復興方法

震災により多くの株式會社は直接又は間接に大きな被害をうけ、現狀の儘ではその事業を繼續することが出來ず、何とか整理復興の道を講ぜねばならぬ狀態に立到つた。その整理の方法にも色々あるけれども、商法上において認められてゐる主要なものは、(イ)資本の減少、(ロ)優先株を發行する資本の增加、(ハ)他の會社との合併、(ニ)社債發行、(ホ)前記各方法の任意の組合せ例へば一方において資本を減少すると共に他方において優先株發行の增資を爲すが如き方法である。尙合併や、減資や、優先株發行等については、その各の手續の中にも種々の方法が別れてゐる次第である。それ故、一つの株式會社が何れの手段方法によつて整理を遂げ復興の道に進むが最も得策であるかは、能くその會社自身の事業及び財產の狀態や金融界の狀況その他一般の社會事情を考慮して決定すべき事柄である。この點は實は私の多年專門的に硏究した事項の一つに屬するのであるが、今その一々の手續方法を述べることは甚だ複雜であるのみならず本書の目的にも副ふゆゑんでないから、これは他日筆を改めて、別の著述を以てしたいと思ふ。既に傳へらるゝところによれば、今回の震災により三越呉服店は資本金一千二百萬圓を七百萬圓に減少することになつた。さうしてその方法としては、新株式十六萬株八百萬圓の內未拂込金二百萬圓を切捨てゝ全額拂込濟一千萬圓となるところを、更に株數を併合することによつて三百萬圓を減資し、結局資本金七百萬圓十四萬株となすといふことゝてある。卽ち切捨と株數併合とを併せ用ゐた減資方法である。又白木屋呉服店も資本金一千五百萬圓を半減して七百五十萬圓に減資することになつたとのことである。これ等を緖口として、今後會社の減資や合併その他の整理方法は續々斷行せられねばならぬ。それこそこの大災厄に當會社自衞の基礎を定め復興に一步を踏みいだすゆゑんである。若しこの際徒らに表面を糊塗し外科的手術を回避するならば、その前途は終に悲しむべき破産あるのみ。

二七　證書類の燒失した場合

株劵、手形、公債、債劵、商業證劵、銀行預金通帳や公正證書等の燒失した場合については、前に述べておいた（一八、一九、二〇、二一參照）。契約書その他の普通一般の證書類が燒失した場合には、權利の主張や相手方の不當の要求に對する防衞の上に、甚だしい不便と困難を感ずることもあらうが、その證書上の權利義務そのものには、何等變更を加へることは無い。從つて、燒け殘つた書類や證人等で證明がつけば、訴訟上も一向差支へ無い譯である。尙ほ二通以上の同じ契約書の一通が相手方の手許に存在してゐるやうな場合には、裁判上提出命令を以て相手方にその提出をなさしむることも出來るのである（民事訴訟法三三五條以下）。

又郵便貯金や振替貯金や郵便爲替等については、通帳その他の證據書類をなくした場合においては、遞信大臣宛の權利申告書を大正十二年十二月三十一日までに、郵便官署に差出すべきものとされ、またそれには相當の保證人を立つることを要するものとされた。さうして遞信大臣がその權利を確認した場合に拂戻すこととなつた。その詳細は勅令第四百四十七號（十月十九日公布）及び遞信省令第八十一號（十月二十日公布）に規定されてゐるが、今は煩雜をさけて略することとする。

二八　廢滅し易い證書類の效力保全策

この震災によつて、いかに多くの重要な權利關係の書類が灰燼に歸したことであらう。やつと取殘された證書類の中でも、例へば火災後金庫の中から半焦げの狀態で現はれてきたもの丶やうに、その儘に放任しておけば間もなく廢滅してしまうやうなものも、甚だ少くないであらう。かゝる證書類の效力を後日まで安全に保たうとするにはどうしたらよいのであらうか。それには、裁判所に對し證據保全の申請をして、その證書の文字形態等に關し後日の證據方法を完全にしておくのが最も適當な臨機の處置であらう（民事訴訟法三六五條以下）。尚ほ證書類の黑焦げとなつたものや、半燒してインキの文字などの讀めなくなつたものでも、藥品を用ひて化學的の反應作用をおこさせて讀み別けたり、又は光線の屈折作用を巧みに利用して見別けたりすることが出來るのであるから、大切な證書類については燒殼といへども尊重することを忘れてはならぬ。

二九　罹災者に對する訴訟費用の救助

民事訴訟をなすについては、訴狀貼用印紙を始めその他種々の費用を要するものであるから、その費用を支出する資力のない者は、折角權利があつても泣寢入となり裁判上の保護を求むることが出來ない結果となる。かかる場合を豫想して、民事訴訟法には、訴訟費用の一時救助に關する方法が定められてあるから（民事訴訟法九一條）費用の出場に困るやうな罹災者がこの際保險金請求その他の訴訟をなすについては、この方法により訴訟上の救助を求めたならば、裁判所においても相當に斟酌を加へ一時訴訟費用の免除を許してくれるであらう。この訴訟上の救助をうけるには、（一）自己及びその家族の必要なる生活を害するに非ざれば訴訟費用を支出することが出來ないものであり、（二）且つ訴訟の目的となる權利の伸張又は防禦が輕卒でないと見ゆるとき又は見込み無きに非ずと見ゆるときに限つて許さるべきものである。さうして、この訴訟上救助の申請を裁判所に對してなすには、訴訟の關係や證據方法を明にし、訴訟費用の支拂無資力について市町村長等の證明書を差出すことが必要となつてゐる。又裁判所は必要なる場合においては、訴訟上の救助を受けた原告若くは被告からの申立により、又は裁判所の職權を以て、一時無報酬でもつて辯護士の附添ひをも命ずることが出來るやうになつてゐる。であるから、主張すべき權利をもつてゐながら、震災のために訴訟費用に苦しむ者はこの方法を利用するが最も良策である。

三〇　燒失登記の回復申請

今度の震災で東京區裁判所林町出張所及び二長町出張所はそれぞれ九月一日及び同月三日に類燒し、兩出張所に備へてあつた不動產登記に關する帳簿書類は全部燒失してしまつた。これがためにその管轄の下にあつた神田、下谷、淺草、本所、深川區內の土地家屋に關する所有權、地上權、抵當權等の登記は不明になつた。ついては、權利者がその權利を完全に保たうとするには、東京區裁判所に回復登記の申請をしなければならぬこととなり、九月十五日司法省令や同省告示を以て次の如く定められた。

一　申請場所　從來の二長町出張所及び林町出張所の管轄に屬する登記事務は、一切東京區裁判所で取扱ふこととなつた。それ故、回復登記の申請も同所へすればいゝ。

二　申請期間　燒失した登記簿又は共同人名簿に登記を受けた者は、大正十三年三月十五日までに登記回復の申請を爲すべきものとされた。

三　申請の手續　申請書には回復申請の趣旨を掲ぐるの外、これに對する左の如き證明書類を添附することを必要とされた。しかし、告示後になつて市役所や區役所に土地臺帳の謄本が保存されてゐることが發見されたので東京區裁判所ではその土地臺帳を謄寫して備へつけ回復申請者の便宜を計ることになつたから、土地臺帳で自分の權利の證明の立つものは別段證明書類を添附せずともいゝこととなつた。

(1)　登記回復の申請書には、登記濟證卽ち謂ゆる權利證を添附するのを本則とする。

(2)　けれども、登記濟證の無いものは左の書類を添附すればよい。

(イ)　前權利者の登記濟證、登記簿の謄本抄本、船舶登記證書、土地臺帳謄本、船舶原簿の謄本抄本、區役所の證明書、他の登記簿の謄本抄本(共同擔保の一部の登記簿の謄本抄本)等

（ロ）登記につき公告をすべき定めのあるものについては、その登記の公告を掲載してある官報又は新聞紙

（3）若し前に述べた何れの書類をも添附することが出來ないやうな場合には、隣地所有者又は權利上利害關係を有するもの丶證明書又はその他何等かの證據書類を添附して申請をすればよい。さうして裁判所がこれを以て登記事項の證明あつたものと認定したときには、その申請を受理することとなる。

四　申請の效果　前に述べた申請期間內に不動產に關する登記の回復を申請した權利については、回復申請により燒失前の登記簿における順位を保有することゝなり、その權利は確實にせらるゝのである。

次ぎに、横濱區裁判所もまた九月一日に類燒して、不動產登記簿や船舶登記簿等は全部燒失してしまつた。それ故横濱においても、登記回復の必要があり、その手續は九月二十八日の司法省告示をもつて定められた。この登記回

復の申請についても、その取扱は大體前述したところと同様であるが、申請期間だけは少しく長く大正十三年四月一日までとなつてゐる。

三一　焼けた戸籍簿と身分證明

戸籍の取扱をなしてゐた區役所の中て、焼失の厄に遭つたのは、麴町、京橋、日本橋、神田、下谷、本所、深川、芝の八區役所てある（淺草區役所はやつと焼失を免かれた）。その中て麴町、神田、芝、深川の四區役所に備へ付けてあつた戸籍簿は、幸に持出され戸籍は安全に保護されたから、右區役所關係の身分證明には何等差支へはないけれども、下谷區役所の戸籍簿の大部分や京橋、日本橋、本所の三區役所の戸籍簿全部は焼失してしまつたから、これ等の區内に本籍を有する者は、その區役所から身分證明を受けることが出來ないやうな狀態にたち至り、相續や保險金受領その他の關係上身分資格の證明を得るについて、色々不便を生じてゐる。　この焼失した戸籍簿の囘復は、司法省告示（第二一號九月二十八日）に基き追々と新戸籍簿の再製によつてなされねばならぬが、差當りの問題の解決としては東京區裁判所には戸籍の副本が存在して居り且つ身分に關する屆

出書類も保存されてゐるから、その屆出の大略の日取等が判明すれば、容易に
身分の證明を得ることが出來る筈である。

三二　家屋の破損と家主の修繕義務

震災のために家が倒潰して住宅としての用をなさなくなつたやうな場合であれば、最早それは修繕不能となり借家關係は一應終了するのでありますから、家主は元通りその家を建て直して再び借家人に之を借さねばならぬといふ義務はないのです。けれども、瓦が落ちたとか、壁が崩れたとか、家が傾いたとかいふやうな一部の破損の場合であれば、特約なき限り家主は常に借家人がその家の使用收益を爲すに必要な修繕をなす義務がある(民法六〇六條)。

家主に對してこの修繕を催促しても應じて呉れぬ場合にはどうなるかといふに、借家人は(イ)損害賠償の請求をし之を家賃と相殺することも出來るし(ロ)賃貸借契約を解除することも出來るし、(ハ)又家主が修繕義務の履行を提供するまでは謂ゆる同時履行の抗辯によつて家賃の支拂を拒むことも出來るのであります。(ニ)なほ借家人自らがその修繕をした場合には直ちにその必要費の償還を請求することが出來る（民法六〇八條）。ですから、借家人としてはこの中どれでも自分に都合のいゝ方法をとればよい。

三三　供託書類を無くした場合

供託物の還附を求めやうとする者が、震災によつて供託書や供託通知書を紛失したり燒失したりした場合においては、どうしたらいゝのであらうか。東京供託局における取扱は大體次のやうである。

燒失紛失等の場合には印鑑證明書を提出して人違てないことを證明すれば、供託局は一定の時期を經過した後その者に返還して吳れる。なほ供託者自身が供託物の還附を求める場合には別段印鑑證明書を提出するにも及ばない。その者が最初供託する場合に用ゐた印形を使用すればそれでいゝ譯である。若し、その印形を燒いた場合には新しい印形の印鑑證明書を提出しなければならぬ。さうして供託局が愈々その拂渡をしてくれる時期は、供託物の價額や供託書類の如何によつて次のやうな區別が設けられてゐる。

一　供託物の價格が五百圓以上の場合　この場合において、(イ)供託通知書を焼失したのであれば、供託局の揭示場及び時事新報又は中央新聞に公告してから二週間内に、(ロ)又供託書を焼失したのであれば、右同様の公告をしてから三週間内に、異議を申出る者がなければ、供託物はその請求者に還附されることとなる。

二　供託物の價格が五百圓未滿の場合　この場合において、(イ)供託通知書を焼失したのであれば、供託局の揭示場に公告してから二週間內に、(ロ)又供託書を焼失したのであれば、右同樣の公告をしてから三週間內に、異議を申出る者がなければ、供託物はその請求者に還附されることとなる。

三四　賣買取引未完了中に目的物の燒失した場合の法律關係

何しろ今度の災害は突發的のものであつたから、家屋の賣買や商品の賣買について約定が成立したまゝで目的物の受渡し未了のものもあつたらうし、內金一部の支拂だけ濟んでゐたやうなものもあらうし、又品物の一部だけの受渡しが濟んでゐたやうなものもあらう。兎に角、賣買の目的物が買主に引渡され取引が完了した後に燒けたのであれば、無論買主の損失であつて別段問題も起らぬであらうが、取引の途中で震災のために物が燒失した場合には、一體何れの損失になるであらうか。これは一般的な、さうして甚だ重要な價値ある法律問題たるを失はない。法律學ではこれを通常危險負擔の問題と稱するのでありますが、その取扱は特定物の賣買か、不特定物の賣買か、停止條件附の賣買か、無條件の賣買か等によつて、色々異り、これがために當事者の利害が正反對になるのであります。

一　特定物に關する賣買　例へば特定の家屋又は商品の如く具體的にこれと確定した物に關する賣買について、受渡未完了中に目的物が震災のために（賣主には過失なく）滅失した場合においては、その滅失の危險は特約なき限り債權者たる買主が負擔することになる。特定物の賣買の約定があれば通常の場合においては、その物の受渡の有無に頓着なく所有權は直ちに買主に移轉するのであつて（民法五五五條、一七六條）、たゞ賣主が所有權を留保した場合等においてのみ契約と同時に所有權の移轉を生じないのである。しかし、かゝる所有權の移轉の有無には關係なく、特定物の買主は、常に賣主の責に歸すべからざる原因による物の滅失について、危險を負擔せねばならぬものである（民法五三四條）。所有者や賣主が危險を負擔するのでなく、買主がこれを負擔するのである。實に『買主は危險を買ふ』のである。

買主がかやうに危險を負擔するのであるから、家屋商品等の燒失に拘らず賣主は代金全部の請求をなすことが出來るのであつて、賣主としては何等の損失を破ることはない。

しかし賣主が物の滅失に因つて、特に利益を得た場合、例へば家屋の賣主が火災保険金を得又は機械の賣主が燒失により運送費用を節約し得たやうな場合には、買主はその償還を請求することが出來るのである。

以上は賣買當事者間に特約のない場合についての説明であるが、若し當事者間に特約があれば先づ第一にそれを尊重すべきはいふをまたぬ。

二　不特定物に關する賣買　例へば北海道産の上等大豆一石といふが如く目的物が具體的にこれと確定せず單に物の種類品質その他の特徴によつてたゞ抽象的に指示せられてゐるやうな賣買においては、その種類債權の目的物は、賣主が物の引渡をなすにつき必要な行爲を完了した場合、又は買主の同意を得て引渡すべき物を指定した場合に、初めて確定することになる。それ故、不特定物の賣買に於ける危險の負擔は、目的物が確定した以後においては、前に述べた(一)と同じやうに買主が之を負擔することになる(民法五三四條)。けれども、その確定以前において物が滅失して履行が出來なくなつた場合には、賣主が危險を負擔するのであつて、代金を請求することは出來ないことになる(民法五三六條)。

三　特定物の賣買でも停止條件附の場合においてはその條件の成就するか否か未確定の間に、目的物が滅失したときは、その危險は賣主の負擔となり賣主は代金を請求することが出來ない。又條件成就後に滅失したときは、その危險は買主の負擔になり賣主は代金全部の請求が出來る(民法五三五條)。

三五　震災と特許局關係の手續

特許局は殆んど全部の帳簿書類を燒失して、一時市外目黑町下目黑四六三帝國發明協會研究所內に移轉して執務することとなつた。この特許局關係の手續で注意すべき點は大體次のやうなものであります。

一　存續期間の延長　特許權や商標權の存續期間が大正十二年九月一日から大正十三年三月三十日までの間に滿了すべきものについては、特に勅令（第四二號一）をもつて大正十三年三月三十一日に滿了するものとされた。

二　手續懈怠の免除　特許、實用新案、意匠又は商標に關し大正十二年九月一日から十二月三十日までの間に特許局長官又は農商務大臣に對してなすべき出願請求等の手續を、震災のために怠つた場合には、十二月三十一日までにその手續をすれば懈怠の結果を免れ得ることとなつたのである（勅令第四一二號第三項、勅令第四七三號）

三　書類の再提出　事件未完了のものについては、大正十二年九月一日以前に特許局へ差出した出願、請求、訴願、申請等に關する書類物件を、大正十三年二月末日までに再提出をすべきものとされた。九月一日前に特許權の存續期間延長を出願して未決定の中にあつたものは、十二月末日までに書類の寫を再提出すべきものとされた。さうして、再提出の際には最初の提出の年月日を記載し且つこれを疏明することを要する（農商務省告示第二二六號第二二七號九月十二日）。

四　登錄の囘復　特許權、實用新案權、商標權、意匠權の原簿は全部燒失したから、これ等の登錄權利者は大正十三年十月末日までに登錄囘復の申請をなさねばならなくなつた（農商務省令臨六號乃至九號、同省告示第二四三號、十月二十三日公布）

（甲）　特許權に關する設定移轉等の登錄の囘復を申請するには、證據書類を添へて申請書を出さねばならぬ。

（イ）　申請書記載事項　申請書には、（1）特許番號及び發明の名稱、（2）申請人（及び代理人）の氏名名稱及び住所又は居所、（3）登錄原因（例へば特許權讓渡契約）とそ、(4)登録の目的(例へば特許權移轉の登錄回復)、(5)願書番號日、(6)特許出願の年月日、(7)出願公告の年月日、(8)前登錄の年月日、(9)前登錄の順位番號、(10)前登錄の受付年月日及び受付番號、(11)最近に納付した特許料及びその納付の年月日、(12)申請の年月日を記載せねばならぬ。

(ロ) 添附書類　申請書には、(1)特許證、登錄濟證、特許權存續期間延長許可決定書又は專用免許に關する指令書及び特許料の領收書を添附して自分が權利者たることを證明することを要する。(2)これ等の書類を添附出來ない場合には、その事由を記した書面と他の證據書類を出せばよい。(3)なほ發明明細書及び圖面を添附しなければならぬが、これは特許局備付の特許發明明細書の記載を援用する旨を申請書に表示すれば特に差出さなくともよい。(4)その他の添附書類は普通の場合と同樣である。

(乙) 實用新案商標意匠に關する登錄の申請についても大體は同樣であ

るが稍異るのは(イ)意匠の場合にはその意匠を現はすべき物品及びその類別を記載し且つその圖面三通を差出すことを要し(ロ)商標の場合にはその商標を使用すべき商品及びその類別を記載し且つ商標見本五通を差出すことを要する。なほ聯合商標がある場合にはその登錄番號をも記さねばならぬ。

三六　鑛業權、漁業權の登錄囘復申請

震災のために、鑛業原簿、砂鑛原簿や漁業原簿が燒失したので、これらの登錄權利者は登錄囘復の申請をなさねばならなくなつた。その手續は大略次のやうである（農商務省令臨第三號乃至第五號、同省告示第二四一號、第二四二號、十月二十三日公布）。

一　鑛業原簿

（イ）申請の期間　鑛業原簿に登錄をうけてゐた鑛業權者、抵當權者その他の登錄名義人は、大正十三年一月三十一日までに東京鑛務署長に鑛業原簿調製の申請をなすことを要する。但し鑛業權に關する登錄のみは申請がなくとも鑛務署長が一定の期間職權を以て原簿の調製をなし得ることになつてゐる

（ロ）申請の手續　その申請書には、(1)鑛業登錄令により登錄申請書に記載を要する事項、(2)登錄年月日、(3)順位番號、(4)受付年月日を記載することを

要する。さうして、鑛業權の設定、變更又は表示變更の際に交付された書面及び鑛區圖又は登錄濟證を添附することを要する。若しこれらの書類をなくした場合にはその事由を記した書面及び鑛業原簿の謄本抄本その他證據となるべき書類圖面を添附すればよい。

（ハ）申請の效果　期間內に申請をすれば燒失前の原簿における順位を保有することとなり、申請を怠ればその順位を失ふことになる。

二　砂鑛原簿

この登錄回復の手續等は殆んど全部鑛業原簿の場合と同じになつてゐる。

三　漁業原簿

（イ）申請の期間　免許漁業原簿に登錄をうけてゐた者は、大正十三年六月三十日までに登錄回復の申請をなさねばならぬ。但し燒失した免許漁業原簿に登錄されてゐた漁業權の設定及び變更については、前記の期間經過後においても登錄の申請をなすことを得る。

（ロ）　申請の手續　その申請書には、(1)漁業登録令第二十四條に定めた事項、(2)前登錄の順位番號、(3)申請書の受付年月日受付番號、(4)登錄の年月日を記載することを要する。そうして、なほ前登錄の登錄濟證を添附することを要する。若し、これがなければ免許漁業原簿の謄本又は抄本、前登錄濟證、官公署の證明書、利害關係の證明書、その他の證據書類を添附すればよい。

（ハ）　申請の效果　期間内に申請をすれば燒失前の原簿における順位を保有することになる。

震火災と法律問題　終

附録　震火災関係諸法令

附錄目次

一〇　緊急勅令第四百五號　生活必需品ニ關スル暴利取締ノ件

一一　農商務省令臨第一號　大正十二年九月七日勅令第四百五號生活必需品ニ關スル暴利取締ノ件ニ依ル生活必需品指定ノ件

一二　緊急勅令第四百十號　震災被害者ニ對スル租税ノ減免等ニ關スル件

一三　勅令第四百三十三號　大正十二年勅令第四百十號震災被害者ニ對スル租税ノ減免等ニ關スル件ノ施行ニ關スル件

一四　緊急勅令第四百十二號　震災地ノ行政廳ノ權限ニ屬スル處分ニ基ク權利利益ノ存續期間等ニ關スル件

一五　勅令第四百十五號　大正十二年勅令第四百十二號ノ施行ニ關スル件

一六　勅令第四百四十二號　大正十二年勅令第四百十五號大正十二年勅令第四百十二號ノ施行ニ關スル件中改正ノ件

一七　緊急勅令第四百二十四號　日本銀行ノ手形ノ割引ニ因ル損失ノ補償ニ關スル財政上必要處分ノ件

附錄目次終

附錄

一 非常徵發令（緊急勅令第三百九十六號）

第一條　大正十二年九月一日ノ地震ニ基ク被害者ノ救濟ニ必要ナル食糧、建築材料、衞生材料、運搬具其ノ他ノ物件又ハ勞務ハ內務大臣ニ於テ必要ト認ムルトキハ其ノ非常徵發ヲ命スルコトヲ得

第二條　非常徵發ハ地方長官ノ徵發書ヲ以テ之ヲ行フ

第三條　非常徵發ヲ命セラレタル者徵發ノ命令ヲ拒ミ又ハ徵發物件ヲ藏匿シタルトキハ直ニ之ヲ徵用スルコトヲ得

第四條　徵發物件又ハ勞務ニ對スル賠償ハ其ノ地市場ニ於ケル前三年間ノ平均價格ニ依リ之ヲ定ム其ノ平均價格ニ依リ難キモノハ評價委員ノ評定スル所ニ依ル

第五條　非常徵發ノ命令ヲ拒ミ又ハ徵發物件ヲ藏匿シタル者ハ三年以下ノ禁錮又ハ三千圓以下ノ罰金ニ處ス徵發シ得ヘキ物件ニ關シ當該官吏吏員ニ對シ申告ヲ拒ミ又ハ虛僞ノ申告ヲ爲シタル者亦同シ

第六條　徵發物件ノ種類賠償ノ手續評價委員ノ組織其ノ他本令ノ施行ニ必要ナル規定ハ內務大臣之ヲ定ム

附則

本令ハ公布ノ日ヨリ之ヲ施行ス（大正十二年九月二日公布）

二　緊急勅令第三百九十八號　一定ノ地域ニ戒嚴令中必要ノ規定ヲ適用スル件

一定ノ地域ヲ限リ別ニ勅令ノ定ムル所ニ依リ戒嚴令中必要ノ規定ヲ適用スルコトヲ得

附則

本令ハ公布ノ日ヨリ之ヲ施行ス（大正十二年九月二日公布）

三　勅令第三百九十九號　大正十二年勅令第三百九十八號ノ施行ニ關スル件

大正十二年勅令第三百九十八號ニ依リ左ノ區域ニ戒嚴令第九條及第十四條ノ規定ヲ適用ス但シ同條中司令官ノ職務ハ東京衞戍司令官之ヲ行フ

東京市、荏原郡、豊多摩郡、北豊島郡、南足立郡、南葛飾郡

附則

本令ハ公布ノ日ヨリ之ヲ施行ス（大正十二年九月二日公布）

四　勅令第四百號　關東戒嚴司令部條例

第一條　關東戒嚴司令官ハ陸軍大將又ハ中將ヲ以テ之ニ親補シ　天皇ニ直隷シ東京府及其ノ附近ニ於ケル鎭戍警備ニ任ス

第二條　關東戒嚴司令官ハ其ノ任務達成ノ爲前項ノ區域內ニ在ル陸軍軍隊ヲ指揮ス

第二條　關東戒嚴司令官ハ軍政及人事ニ關シテハ陸軍大臣ノ區處ヲ受ク

第三條　關東戒嚴司令部ニ左ノ職員ヲ置ク

參謀長

參謀

副官

主計

軍醫

陸軍司法事務官

下士、判任文官

第四條　參謀長ハ關東戒嚴司令官ヲ輔佐シ事務整理ノ責ニ任ス

第五條　參謀、副官、主計、軍醫及陸軍司法事務官ハ參謀長ノ命ヲ受ケ各擔任ノ事務ヲ掌ル

第六條　下士、判任文官ハ上官ノ命ヲ承ケ事務ニ服ス

附則

本令ハ公布ノ日ヨリ之ヲ施行ス（大正十二年九月三日公布）

五　大正十二年勅令第三百九十九號中改正ノ件（勅令第四百一號）

大正十二年勅令第三百九十九號中左ノ通改正ス

「東京衞戍司令官」ヲ「神奈川縣横須賀市及三浦郡ニ在リテハ横須賀鎭守府司令長官、其ノ他ノ區域ニ在リテハ關東戒嚴司令官ニ」、「東京市、荏原郡、豐多摩郡、北豐島郡、南足立郡、南葛飾郡」ヲ「東京府、神奈川縣」ニ改ム

附　則

本令ハ公布ノ日ヨリ之ヲ施行ス（大正十二年九月三日公布）

六　大正十二年勅令第三百九十九號中改正ノ件（勅令第四百二號）

大正十二年勅令第三百九十九號中左ノ通改正ス

「東京府、神奈川縣」ノ下ニ「埼玉縣、千葉縣」ヲ加フ

附　則

本令ハ公布ノ日ヨリ之ヲ施行ス（大正十二年九月四日公布）

七　治安維持ノ爲ニスル罰則ニ關スル件（緊急勅令第四百三號）

出版、通信其ノ他何等ノ方法ヲ以テスルヲ問ハス暴行、騷擾其ノ他生命、身體若ハ財產ニ危害ヲ及ホスヘキ犯罪ヲ煽動シ、安寧秩序ヲ紊亂スルノ目的ヲ以テ治安ヲ害スル事項ヲ流布シ又ハ人心ヲ惑亂スルノ目的ヲ以テ流言浮說ヲ爲シタル者ハ十年以下ノ懲役若ハ禁錮又ハ三千圓以下ノ罰金ニ處ス

附則

本令ハ公布ノ日ヨリ之ヲ施行ス（大正十二年九月七日公布）

八 緊急勅令第四百四號 私法上ノ金錢債務ノ支拂延期及手形等ノ權利保存行爲ノ期間延長ニ關スル件

第一條 大正十二年九月一日以前ニ發生シ同日ヨリ同年同月三十日迄ノ間ニ於テ支拂ヲ爲スヘキ私法上ノ金錢債務ニシテ債務者カ東京府、神奈川縣、靜岡縣、埼玉縣、千葉縣及震災ノ影響ニ因リ經濟上ノ不安ヲ生スル虞アル勅令ヲ以テ指定スル地區ニ住所又ハ營業所ヲ有スルモノニ付テハ三十日間其ノ支拂ヲ延期ス但シ債務者カ其ノ地區外ニ他ノ營業所ヲ有スル場合ニ於テ該營業所ノ取引ニ關スル債務ニ付テハ此ノ限ニ在ラス

震災ノ影響ニ因リ必要アルトキハ勅令ノ定ムル所ニ依リ前項ノ規定ハ大正十二年十月一日以後ニ支拂ヲ爲スヘキ私法上ノ金錢債務ニ付之ヲ適用スルコトヲ得

前項ノ規定中三十日ノ期間ハ之ヲ延長スルコトヲ得
第二條　左ニ掲クル支拂ニ付テハ前條ノ規定ヲ適用セス
一　國、府縣其ノ他ノ公共團體ノ債務ノ支拂
二　給料及勞銀ノ支拂
三　給料及勞銀ノ支拂ノ爲ニスル銀行預金ノ支拂
四　前號以外ノ銀行預金ノ支拂ニシテ一日百圓以下ノモノ
第三條　手形其ノ他之ニ準スヘキ有價證券ニ關シ大正十二年九月一日ヨリ同年同月三十日迄ノ間ニ第一條ニ規定スル地區ニ於テ權利保存ノ爲ニ爲スヘキ行爲ハ其ノ行爲ヲ爲スヘキ時期ヨリ三十日內ニ之ヲ爲スニ因リテ其ノ效力ヲ有ス
第一條第二項ノ規定ハ前項ノ場合ニ之ヲ準用ス

附　則

本令ハ公布ノ日ヨリ之ヲ施行ス(大正十二年九月七日公布)

九　大正十二年勅令第四百四號第三條第一項ノ適用等ニ關スル件　(勅令第四百二十九號)

大正十二年勅令第四百四號第三條第一項ノ規定ハ手形其ノ他之ニ準スヘキ有價證券ニ關シ大正十二年十月一日ヨリ同年同月三十一日迄ノ間ニ同令第一條ニ規定ス

ル地區ニ於テ權利保存ノ爲ニ爲スヘキ行爲ニ付之ヲ適用ス
同令第三條第一項中三十日ノ期間ハ手形其ノ他之ニ準スヘキ有價證券ニ關シ大正十二年九月一日ヨリ同年同月三十日迄ノ間ニ同令第一條ニ規定スル地區ニ於テ權利保存ノ爲ニ爲スヘキ行爲ニ付テハ之ヲ六十日ニ延長ス

附　則

本令ハ公布ノ日ヨリ之ヲ施行ス（大正十二年九月二十七日公布）

一〇　緊急勅令第四百五號　生活必需品ニ關スル暴利取締ノ件

震災ニ際シ暴利ヲ得ルノ目的ヲ以テ生活必需品ノ買占若ハ賣惜ヲ爲シ又ハ不當ノ價格ニテ其ノ販賣ヲ爲シタル者ハ三年以下ノ懲役又ハ三千圓以下ノ罰金ニ處ス
前項ノ生活必需品ノ品目ハ命令ヲ以テ之ヲ指定ス

附　則

本令ハ公布ノ日ヨリ之ヲ施行ス（大正十二年九月七日公布）

一一　農商務省令臨第一號　大正十二年九月七日勅令第四百五號生活必需品ニ關スル暴利取締ノ件ニ依ル生活必需品指定ノ件

大正十二年九月七日勅令第四百五號生活必需品ニ關スル暴利取締ノ件ニ依リ生活

必需品ノ品目ヲ左ノ通指定ス
一　食料品
二　炊爨具及食器
三　薪、炭、油其ノ他ノ燃料及照明用品
四　船車其ノ他ノ運搬具及之ニ使用スル消耗品
五　建築材料（莚、疊、建具及家具ヲ含ム）及建築用具
六　藥品其ノ他ノ衞生材料
七　綿、毛、綿毛糸、綿毛布及其ノ製品
八　紙類
九　梱包用材料
十　履物、雨具及掃除用品
十一　筆、墨其ノ他ノ文房具

附　則

本令ハ公布ノ日ヨリ之ヲ施行ス（大正十二年九月七日公布）

一二　震災被害者ニ對スル租税ノ減免等ニ關スル件（緊急勅令第四百十號）

第一條　政府ハ震災被害者ノ納付スヘキ大正十二年分ノ第三種所得税及營業税ニ

付各納税者ノ被害ノ狀況ニ應シ命令ノ定ムル所ニ依リ之ヲ免除又ハ輕減スルコトヲ得

第二條　政府ハ震災地ニ於テ大正十二年度ニ納付スヘキ左ノ租税ニ付命令ノ定ムル所ニ依リ其ノ徴收ヲ猶豫スルコトヲ得

一　地租
二　所得税
三　營業税
四　相續税

第三條　第一條ノ震災被害者及前條ノ震災地ハ命令ヲ以テ之ヲ定ム

附則

本令ハ公布ノ日ヨリ之ヲ施行ス（大正十二年九月十二日公布）

一三　大正十二年勅令第四百十號震災被害者ニ對スル租税ノ減免等ニ關スル件ノ施行ニ關スル件（勅令第四百三十三號）

第一條　大正十二年勅令第四百十號第三條ノ規定ニ依リ震災地及震災被害者ヲ左ノ如ク定ム

一　震災地

東京府（西多摩郡及小笠原島ヲ除ク）
神奈川縣
埼玉縣（秩父郡、兒玉郡及大里郡ヲ除ク）
千葉縣　千葉市　千葉郡　市原郡　東葛飾郡　君津郡　安房郡
山梨縣　中巨摩郡花輪村　東八代郡富士見村　南巨摩郡鰍澤町　南都留郡明見村中野村忍野村
靜岡縣　沼津市　田方郡　駿東郡　賀茂郡

二　震災被害者
大正十二年九月一日ノ震災（之ニ伴フ火災又ハ海嘯ヲ含ム以下同シ）ニ因リ損害ヲ受ケタル者

第二條　震災被害者中政府ノ決定シタル所得金額一萬圓以下（同居ノ戸主又ハ家族ノ分トノ合算額ニ依ル）ノ者ニシテ自己（同居ノ戸主又ハ家族ヲ含ム）ノ所有ニ係ル其ノ住宅又ハ家財ノ過半カ震災ニ因リ滅失シ又ハ其ノ用ヲ爲サザルニ至リタルモノニ付テハ大正十二年分第三種ノ所得ニ對スル所得税ヲ免除ス

第三條　震災被害者ニシテ前條ニ該當セサルモノノ大正十二年分第三種ノ所得ニ付テハ政府ノ決定シタル所得金額中ヨリ左ノ金額ヲ控除シ其ノ殘所得金額ニ付所得税法第二十三條ノ規定ヲ適用ス

一　所得税法第十四條第一項第六號ノ所得ノ基因タル自己所有ノ家屋其ノ他ノ築造物、船舶、機械、器具、商品、原料品等カ震災ニ因リ滅失又ハ毀損シタルトキハ其ノ損害見積金額

二　自己（同居ノ戸主又ハ家族ヲ含ム）ノ所有ニ係ル其ノ住宅又ハ家財カ震災ニ因リ滅失又ハ毀損シタルトキハ左ノ金額

甲　住宅又ハ家財ノ過半カ滅失シ又ハ其ノ用ヲ爲ササルニ至リタルトキ

所得金額中一萬圓以下ノ金額（同居ノ戸主又ハ家族ノ分ト合算額ニ依ル以下同シ）ノ全部

同　一萬圓ヲ超エ二萬圓以下ノ金額ノ八割

同　二萬圓ヲ超エ五萬圓以下ノ金額ノ六割

同　五萬圓ヲ超エ十萬圓以下ノ金額ノ四割

同　十萬圓ヲ超ユル金額ノ二割

乙　住宅又ハ家財ノ損害甲ノ程度ニ達セサルモ其ノ損害著シキトキ

所得金額中一萬圓以下ノ金額（同居ノ戸主又ハ家族ノ分トノ合算額ニ依ル以下同シ）ノ五割

同　一萬圓ヲ超エ二萬圓以下ノ金額ノ三割

同　二萬圓ヲ超エ五萬圓以下ノ金額ノ二割

同　五萬圓ヲ超ユル金額ノ一割

丙　住宅又ハ家財ノ損害乙ノ程度ニ達セサルトキ

所得金額中一萬圓以下ノ金額(同居ノ戸主又ハ家族ノ分トノ合算額ニ依ル以下同シ)ノ二割

同　一萬圓ヲ超エ五萬圓以下ノ金額ノ一割

三　第一號又ハ前號ノ規定ノ適用ヲ受クル者所得税法第十四條第一項第一號又ハ第六號ノ所得ニ付震災ノ影響ニ依リ收入ノ全部又ハ大部分ヲ得ルコト能ハサルニ至リタルトキハ當該所得ノ三分ノ一ニ相當スル金額

前項第二號ノ場合ニ於テ同居者一人每ノ控除金額ハ各其ノ所得金額ニ案分シテ之ヲ計算ス

震災被害者カ所得ノ基因タル自己所有ノ家屋ニ住居スル場合ニ於テハ其ノ選擇ニ依リ第一項第一號又ハ第二號ノ規定ヲ適用ス

同一人ニシテ山林ノ所得ト山林以外ノ所得トヲ有スル場合ニ於テハ前三項ノ規定ニ依ル控除ハ先ツ山林以外ノ所得ニ付之ヲ爲シ不足アルトキハ山林ノ所得ニ及フ

第四條　所得税法第六十四條第一項ノ請求ヲ爲ス者ニ付テハ前條ノ規定ヲ適用セス

第五條　第三條ノ規定ニ依ル控除ヲ爲シ殘所得金額八百圓ニ滿タサルトキハ所得税ヲ免除ス

第六條　震災ニ因リ所得税法第二十六條第一項ノ規定ニ依リ決定シタル大正十二年分第三種ノ所得金額ノ不明トナリタルモノニ付テハ政府ハ所得調査委員會ニ諮問シテ其ノ所得金額ヲ確定スヘシ

所得税法第二十條第二項ノ規定ハ前項ノ場合ニ之ヲ準用ス

第七條　震災被害者ニシテ左ノ各號ノ一ニ該當スルモノノ大正十二年分營業税第二期分ハ之ヲ免除ス

一　營業ノ用ニ供スル家屋其ノ他ノ築造物、船舶、機械、器具等ノ全部又ハ大部分カ震災ニ因リ滅失シ又ハ其ノ用ヲ爲サザルニ至リタルトキ

二　商品及原料品ノ全部又ハ大部分カ震災ニ因リ滅失シ又ハ其ノ用ヲ爲サザルニ至リタルトキ

前項ノ規定ハ各營業場毎ニ之ヲ適用ス但シ營業税法第十五條第二項ノ規定ニ依リ合算シテ營業税ヲ課シタルモノニ付テハ各營業場ヲ通シテ之ヲ適用ス

第八條　前條ノ規定ニ依リ營業税ノ免除ヲ受ケタル者ニ付テハ第一期分ニ相當スル税額ヲ以テ營業税法第二十九條ノ其ノ年分營業税額ト看做ス

第九條　震災被害者ノ大正十二年分營業税ニ付營業税法第二十九條ノ規定ヲ適用

スル場合ニ於テハ營業ノ用ニ供スル自己所有ノ家屋其ノ他ノ築造物、船舶、機械、器具等カ震災ニ因リ滅失又ハ毀損シタル損害ノ見積金額ヲ營業税法施行規則第五十五條ノ經費ト看做ス

第十條　震災ニ因リ營業税法第二十六條第一項ノ規定ニ依リ決定シタル大正十二年分營業税課税標準ノ不明ト爲リタルモノニ付テハ政府ハ營業税調査委員會ニ諮問シテ其ノ課税標準ヲ確定スヘシ

第十一條　第二條、第三條又ハ第七條ノ規定ニ依リ所得税又ハ營業税ノ免除又ハ輕減ヲ受ケムトスル者ハ被害ノ狀況及損害見積金額ヲ記載シタル申請書ヲ大正十三年一月三十一日迄ニ所轄税務署ニ提出スヘシ

震災當時ニ於テ納税地カ震災地ニ在リタル納税者ニシテ被害ノ事實顯著ナルモノニ付テハ前項ノ申請ナキ場合ト雖政府ノ認ムル所ニ依リ所得税又ハ營業税ノ免除又ハ輕減ヲ爲スコトヲ得

第十二條　政府ハ第三條ノ規定ニ依ル控除ヲ爲シタルトキハ其ノ殘所得金額ヲ納税義務者ニ通知スヘシ

第十三條　本令ニ依ル所得税又ハ營業税ノ免除又ハ輕減ニ關スル處分ニ對シ不服アルトキハ訴願又ハ行政訴訟ヲ爲スコトヲ得

第十四條　震災地ニ於テ納付スヘキ地租、所得税（第二種所得税ヲ除ク）、營業税及相續

税ニシテ納付未濟ニ係ルモノ及大正十二年十月三十一日迄ニ納期限ノ到來スルモノニ付テハ其ノ徴收ヲ猶豫シ大正十二年十一月一日以後ニ於テ大藏大臣其ノ納期限ヲ定ム

震災地ニ於テ納付スヘキ地租、所得稅(第二種所得稅ヲ除ク)、營業稅及相續稅ニシテ大正十二年十一月一日以後ニ納期限ノ到來スルモノニ付テハ大藏大臣ノ定ムル所ニ依リ其ノ徴收ヲ猶豫ス

附則

本令ハ公布ノ日ヨリ之ヲ施行ス(大正十二年九月三十日公布)

一四 (緊急勅令第四百十二號)震災地ノ行政廳ノ權限ニ屬スル處分ニ基ク權利利益ノ存續期間等ニ關スル件

震災地ノ行政廳ノ權限ニ屬スル處分(大正十二年九月一日以前ニ爲シタルモノ)ニ基ク權利利益ノ存續期間ニシテ大正十二年九月一日ヨリ大正十三年三月三十日迄ノ間ニ滿了スヘキモノハ之ヲ大正十三年三月三十一日ニ滿了スルモノト看做ス但シ本令ノ施行前又ハ施行後法令ニ依リ其ノ權利利益ノ消滅スヘキ旨ノ指令、其ノ更新ヲ許サザル旨ノ指令其ノ他其ノ存續期間ノ滿了ニ關スル特別ノ指令アリタル場合ハ此ノ限ニ在ラス

前項ノ規定ニ依リ延長セラレタル期間ハ行政處分ニ依リ之ヲ短縮スルコトヲ得

震災ノ爲大正十二年九月一日ヨリ同年十月三十日迄ノ間ニ行政廳ニ對シテ爲スヘキ出願、請求其ノ他ノ手續ヲ懈怠シタル場合ニ於テ大正十二年十月三十一日迄ニ其ノ手續アリタルトキハ當該行政廳ハ其ノ懈怠ノ結果ヲ免レシムルコトヲ得

震災ノ影響ニ因リ必要アルトキハ勅令ノ定ムル所ニ依リ前項ノ期限ハ之ヲ延期スルコトヲ得

第一項ノ震災地ノ行政廳及權利利益竝前四項ノ規定ノ施行ニ必要ナル規定ハ勅令ヲ以テ之ヲ定ム

附　則

本令ハ公布ノ日ヨリ之ヲ施行ス（大正十二年九月十二日公布）

一五　大正十二年勅令第四百十二號ノ施行ニ關スル件（勅令第四百十五號）

第一條　大正十二年勅令第四百十二號第五項ノ規定ニ依リ震災地ノ行政廳及權利利益左ノ如ク定ム

一　震災地ノ行政廳

農商務大臣

特許局長官

東京鑛務署長
東京府知事
神奈川縣知事

二　權利利益
試掘權
漁業權
特許權
商標權
工業所有權戰時法ニ依リ發生シタル專用權
取引所營業
許可漁業
度量衡器ノ製作、修覆又ハ販賣ノ營業
度量衡器ノ檢定ノ效力
種牡牛檢査ノ效力
共同狩獵地ノ免許ノ效力

第二條　大正十二年勅令第四百十二號第一項ノ規定ニ依ル試掘權ノ存續期間延長ニ伴ヒ納付スヘキ試掘鑛區稅ハ大正十二年十二月中ニ之ヲ納付スヘシ

附則

本令ハ公布ノ日ヨリ之ヲ施行ス（大正十二年九月十六日公布）

一六　大正十二年勅令第四百十五號大正十二年勅令第四百十二號ノ施行ニ關スル件中改正ノ件（勅令第四百四十二號）

第一條中「農商務大臣」ヲ「内務大臣農商務大臣遞信大臣鐵道大臣」ニ、「東京鑛務署長」ヲ「東京鑛務署長東京遞信局長横濱及浦賀所在ノ管海官廳」ニ「神奈川縣知事」ヲ「神奈川縣知事埼玉縣知事千葉縣知事靜岡縣知事」ニ改メ「共同狩獵地ノ免許ノ效力」ノ次ニ左ノ如ク加フ

私設ノ電信、電話又ハ無線電信ノ施設ニ關スル許可ノ效力

電氣事業ノ經營施設ニ關スル許可又ハ認可ノ效力

發電水力使用許可ノ效力

電氣計器檢定ノ效力

船燈信號器救命具ノ製造免許ノ效力

船員職業紹介法ニ基ク職業紹介事業繼續許可ノ效力

大正十年勅令第二百三十九號第一條第四號ニ規定スル遞信大臣ノ認許及同令第二條又ハ第五條ニ規定スル管海官廳ノ承認ノ效力

軌道條例及明治四十一年勅令第二百六十六號第一條ノ規定ニ依ル特許及許可

ノ效力

附則

本令ハ公布ノ日ヨリ之ヲ施行ス（大正十二年十月十一日公布）

一七　日本銀行ノ手形ノ割引ニ因ル損失ノ補償ニ關スル財政上必要處分ノ件（緊急勅令第四百二十四號）

政府ハ日本銀行カ左ノ各號ノ一ニ該當スル手形ニシテ大正十四年九月三十日以前ノ滿期日ヲ有スルモノノ割引ヲ爲シ之ニ因リテ損失ヲ受ケタル場合ニ於テ壹億圓ヲ限リ同行ニ對シ其ノ損失ヲ補償スルノ契約ヲ爲スコトヲ得但シ第一號乃至第三號ニ規定スル手形ノ割引ハ大正十三年三月三十一日迄ニ爲シタルモノニ限ル

一　震災地（東京府、神奈川縣、埼玉縣、千葉縣及靜岡縣ヲ謂フ以下同シ）ヲ支拂地トスル手形又ハ震災地ニ震災ノ當時營業所ヲ有シタル者ノ振出シタル手形若ハ之ヲ支拂人トスル手形ニシテ大正十二年九月一日以前ニ銀行ノ割引シタルモノ

二　前號ニ規定スル手形ノ書換ノ爲ニ振出シタル手形

三　前二號ニ規定スル手形又ハ震災地ニ營業所ヲ有スル銀行カ他ノ銀行ニ對シ大正十二年九月一日以前ニ發行シタル預金證書若ハ「コールローン」ノ證書ヲ擔保トシテ銀行ノ振出シタル手形

四　前三號ニ規定スル手形ニシテ日本銀行ノ割引シタルモノノ書換ノ爲ニ振出シタル手形

日本銀行ハ本令ニ依リテ爲ス手形ノ割引ニ付政府ノ監督ヲ受クヘシ

附　則

本令ハ公布ノ日ヨリ之ヲ施行ス（大正十二年九月二十七日公布）

一八　震災ニ因リ株主名簿ヲ喪失シタル會社ノ株主總會等ニ關スル件（緊急勅令第四百七十一號）

大正十二年九月ノ震災ニ因リ株主名簿ヲ喪失シタル會社ニ名義人ヲ確知スルコト能ハサル記名株式アルトキハ會社ハ其ノ旨ヲ公告スヘシ此ノ場合ニ於テハ其ノ株主ハ商法中株主總會及優先株主ノ總會ニ關スル規定ノ適用ニ付之ヲ無記名式ノモノト看做ス

附　則

本令ハ公布ノ日ヨリ之ヲ施行ス（大正十二年十月三十一日公布）

一九　震災地ノ行政廳ニ對シ出願、請求其ノ他ノ手續ヲ爲スヘキ期限ノ延期ニ關スル件（勅令第四百七十三號）

大正十二年勅令第四百十二號第三項ノ期限ハ特許、實用新案、意匠又ハ商標ニ關シ農商務大臣又ハ特許局長官ニ對シテ為スヘキ出願、請求其ノ他ノ手續ニ付テハ大正十二年十月三十日ヲ同年十二月三十日迄、大正十二年十月三十一日ヲ同年十二月三十一日迄之ヲ延期ス但シ條約ニ依ル優先權ヲ主張セムトスル者ノ為スヘキ出願ニ付テ大正十二年十月三十日ヲ大正十三年三月三十日迄、大正十二年十月三十一日ヲ大正十三年三月三十一日迄之ヲ延期ス

附則

本令ハ公布ノ日ヨリ之ヲ施行ス（大正十二年十一月一日公布）

二〇 法人ニ對スル破産宣告ニ關スル件（緊急勅令第四百七十五號）

大正十二年九月一日以後ニ於テ法人ノ財産ヲ以テ其ノ債務ヲ完濟スルコト能ハサルニ至リタル法人ニ對シテハ大正十四年八月三十一日ニ至ル迄ノ間破産ノ宣告ヲ為スコトヲ得ス但シ其ノ法人カ支拂ヲ為スコト能ハサル場合ハ此ノ限ニ在ラス

前項ノ法人ノ理事又ハ之ニ準スヘキ者ハ前項ノ期間其ノ法人ニ對シ破産ノ申立ヲ為スコトヲ要セス

前二項ノ規定ハ清算中ノ法人及大正十二年九月ノ震災ノ影響ニ因ラスシテ債務ヲ完濟スルコト能ハサルニ至リタルコト明ナル法人ニ付テハ之ヲ適用セス

附則

本令ハ公布ノ日ヨリ之ヲ施行ス（大正十二年十月十二日公布）

附録終

大正十二年十二月五日印刷
大正十二年十二月八日發行

（震火災と法律問題奥付）
定價金壹圓八拾錢

著作者　眞野毅
東京市外下澁谷向山一四一八番地

發行者　葉多野太兵衛
東京市神田區今川小路二丁目四番地

印刷者　武居菊藏
東京市本郷區眞砂町三十六番地

印刷所　日東印刷株式會社
東京市本郷區眞砂町三十六番地

發行所　清水書店
東京市神田區今川小路二丁目四番地
電話九段五七七、五七八番
振替口座東京七四四七番

震火災と法律問題

2009年 8 月25日　第 1 版第 1 刷発行

477-01011　P184, B350, Y16000E

復刊法律学大系 5

著　者　眞　野　　　毅

発行者　今　井　　　貴

発行所　株式会社 信山社

〒113-0033　東京都文京区本郷 6-2-9-102

Tel 03-3818-1019

Fax 03-3818-0344

henshu@shinzansha.co.jp

印刷・製本／松澤印刷・大三製本

ISBN978-4-88261-477-7 C3332

分類323. 936-g005

477-01011-012-025-010

書　名	著者·訳者·編者	巻数	本体	税込
フリッツ・フライナー独逸行政法論	フリッツ・フライナー 著 山田準次郎 訳	31	55,000	57,750
独逸行政法（第一巻）	オット・マイヤー 著 美濃部達吉 訳	32	34,951	36,699
独逸行政法（第二巻）	オット・マイヤー 著 美濃部達吉 訳	33	33,010	34,661
独逸行政法（第三巻）	オット・マイヤー 著 美濃部達吉 訳	34	32,039	33,641
独逸行政法（第四巻）	オット・マイヤー 著 美濃部達吉 訳	35	43,689	45,873
独逸国法論　全	ゲオルグ・マイエル 著 一木喜徳郎 序	36	60,000	63,000
改版医師・権利義務	市村光恵 著	37	24,078	25,282
債権総論　完	富井政章 述	38	17,476	18,350
債権各論　完	富井政章 述	39	17,476	18,350
刑法総論（上）	大場茂馬 著	40	25,000	26,250
刑法総論（下）	大場茂馬 著	41	43,000	45,150
刑法各論（上）	大場茂馬 著	42	33,000	34,650
刑法各論（下）	大場茂馬 著	43	44,000	46,200

その他

西伯利出兵史要	菅原佐賀衛 著	別巻 1	12,000	12,600

《復刊法律学大系》

書名	著者·訳者·編者	巻数	本体	税込
法律行為論　全	岡松参太郎 著	1	12,000	12,600
法律行為乃至時効	鳩山秀夫 著	2	50,000	52,500
概説民法第一七七条	土生滋穂 著	3	12,000	12,600

書名	著者･訳者･編者	巻数	本体	税込
電話加入権と加入権質	三好嘉敬 著	4	28,000	29,400

《復刊選書》

日本の魚附林	農商務省水産局 編	別巻 1	50,000	52,500

《日本裁判資料全集》

東京予防接種禍訴訟 上		1	30,000	31,500
東京予防接種禍訴訟 下		2	28,000	29,400